Palier 2 – 1re année
A2 → B1

W0313808

Enjoy English in 4e

Workbook

Odile Martin-Cocher
Professeur agrégé
Académie de Grenoble

Abdel-Aziz Fahem
Professeur certifié
Académie de Grenoble

Ludivine Lutton
Professeur certifié
Académie d'Orléans-Tours

Catherine Marcangeli
Maître de Conférences
Université Paris Diderot

Sophie Plays
Professeur certifié
Académie de Caen

Elodie Vialleton
Lecturer, Department of Languages
Open University, UK

didier

Visite guidée... de ton *workbook* bicolore

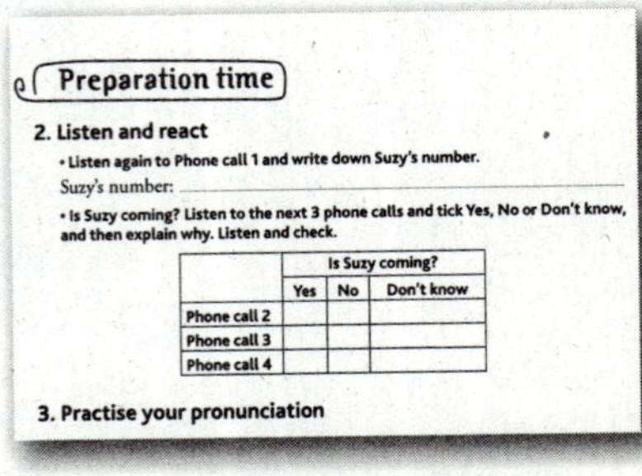

Le noir est réservé aux activités faites en classe, repérages sur des textes écrits ou audio, entraînement à la prononciation, réflexion grammaticale...

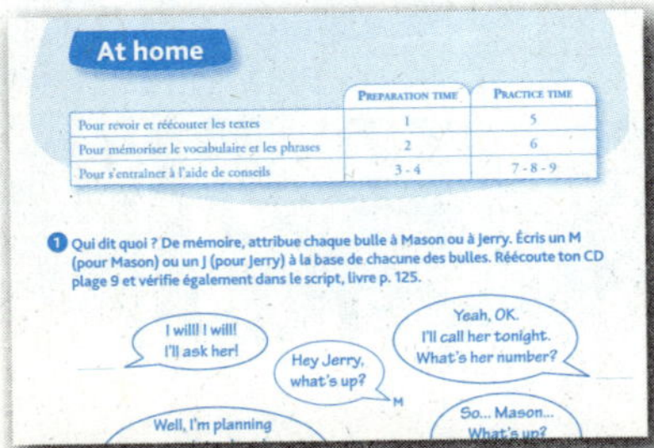

Le bleu est consacré au travail à la maison.
Les exercices te permettent de mémoriser et de fixer ce que tu as pratiqué en classe. Suis les conseils donnés pour rechercher les informations utiles et prendre l'habitude de relire et vérifier ton travail.

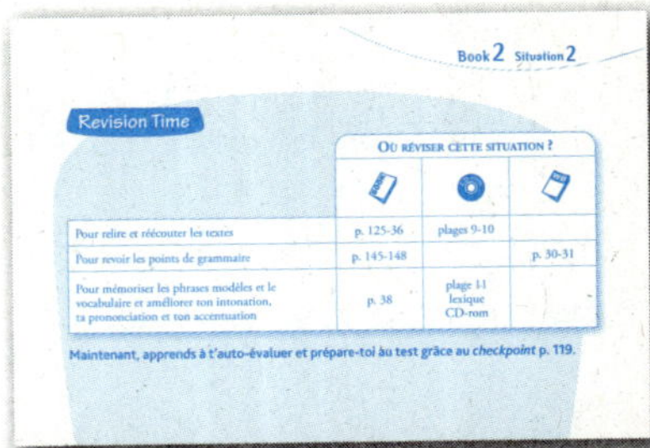

Un tableau « d'orientation » t'indique où réviser dans le livre, le *workbook* ou le CD.

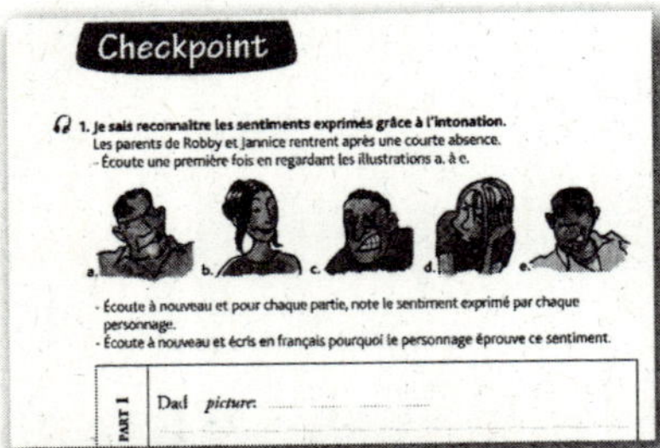

Les *checkpoints* te permettront de t'auto-évaluer. Selon tes résultats, tu pourras ensuite cibler tes révisions en vue du test.

La *checklist*, à la fin de chaque trimestre, balisera ton parcours. Tu cocheras tout ce que tu as appris à faire en anglais...
Une bonne façon de se motiver !

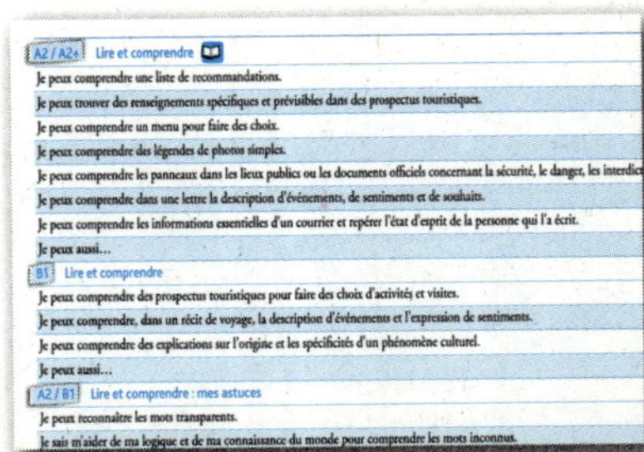

Excellente année de 4e !

Illustrations : Benjamin Becue, Camille Beurton, Anne Horrenberger, Cyrille Meyer, Loïc Méhée, Solène Ollivier, Nicolas Ryser
Mise en page : Christine Aubé, AlphaStudio
Maquette intérieure : Marc & Yvette
Couverture : David Bart
Imprimerie : Hérissey à Évreux - N° 108150
Dépôt légal : 6292/01

ISBN 978-2-278-06292-8

Imprimé en France

Book 1

Keep it in English in the classroom

► Get to know your classmates

- First, listen to two British pupils, Robert and Ellen, and fill in these forms.
- Then, say all you know about them or ask questions. Listen to your classmates and check your answers.

First name: Robert
Surname:

Date of birth:
Place of birth:
Address:

Brothers and sisters:
Pets:
Hobbies and after-school activities:

Likes:
Dislikes:

First name: Ellen
Surname:

Date of birth:
Place of birth:
Address:

Brothers and sisters:
Pets:
Hobbies and after-school activities:

Likes:
Dislikes:

- Now, fill in *your* form, cut it out and give it to your teacher.
- For next lesson, be ready to speak about one of the pupils in the class.

Me

First name:
Surname:

Date of birth:
Place of birth:
Address:

Brothers and sisters:
Pets:
Hobbies and after-school activities:

Likes:
Dislikes:

Situation 1

2. Listen and react

- Listen to the dialogues and fill in the absence notes and late slips.

LATE SLIP

Date ____________
Time ____________
Name ____________ Form ____________
is late for the following reason ____________

PLEASE ADMIT PUPIL TO CLASS

Excused ☐
Unexcused ☐

____
Signature

a.

LATE SLIP

Date ____________
Time ____________
Name ____________ Form ____________
is late for the following reason ____________

PLEASE ADMIT PUPIL TO CLASS

Excused ☐
Unexcused ☐

____
Signature

b.

ABSENCE NOTE

Name ____________ Form ____________
was absent from school ________ days
from ________ to ________
Reason: ____________

____
(Signature of parents)

c.

ABSENCE NOTE

Name ____________ Form ____________
was absent from school ________ days
from ________ to ________
Reason: ____________

____
(Signature of parents)

d.

3. Practise your pronunciation

1. Prononciation de "*th*" et "*ch*"

a. Écoute et répète ces trois exemples :

the – thrill – school

Écoute maintenant les mots suivants et coche le son qui correspond à la syllabe qui contient la lettre « h ».

	le son de the : /ð/	*le son de* thrill : /θ/	*le son de* school : /k/
throat			
ac**h**e			
too**th**			
that			
wi**th**			
thanks			
stoma**ch**			

b. Écoute à nouveau l'enregistrement pour vérifier tes réponses, et répète chaque mot.

2. Articulation et vitesse

Certains sons se confondent facilement, mais il est important de les distinguer ! Il faut donc bien articuler. Entraîne-toi...

a. Écoute ces phrases et répète-les lentement. Pour t'aider, les sons délicats sont en gras et transcrits phonétiquement.

- What'**s** **th**e matter?
  s ð

- Where'**s** your late **s**lip?
  z s

- Ye**s** **S**ir, **th**ank you.
  s s θ

- I wa**s** wi**th** **th**e nur**s**e.
  z ð ð s

b. Maintenant entraîne-toi, avec ton voisin, à prononcer la dernière phrase de plus en plus vite, comme dans l'enregistrement. Lequel de vous saura accélérer tout en articulant clairement ?

- I wa**s** wi**th** **th**e nur**s**e.
  z ð ð s

3. Accentuation et vitesse

a. Écoute les phrases suivantes, et entoure les syllabes accentuées.

- You were away yesterday. Where were you?
- Sorry I'm late. My dad's car broke down.
- I feel sick. I've got a stomach ache.
- I was with the head teacher, here's my late slip.

b. Maintenant répète chaque phrase de plus en plus vite, comme dans l'enregistrement !

Think about it!

1. *Be* au présent

→ Grammar book p. 137-138

I'm late. Here's my late slip.

Are you feeling better? No, I'm not well.

Dans ces phrases, encadre les trois formes de la conjugaison de *be* au présent.

Dans la phrase négative, *not* est placé directement après ....

Dans la question, *be* est placé avant le ....

***Be* est donc un ....**

astuces

Pour réussir en langue, ne laisse pas le flou s'installer. Si tu hésites sur une conjugaison ou une règle, va vérifier dans le précis grammatical à la fin de ton manuel. À chaque étape des Think about it!, *la référence au précis sera notée pour faciliter tes vérifications.*

2. *Have (got)* au présent

→ Grammar book p. 138-139

Have you got your absence note?

She has got the flu.

Dans ces phrases, encadre les deux formes de *have* au présent.
Dans la question, *have* est placé avant le sujet. Entoure *have* en rouge et le sujet en bleu.
À la forme négative, on place *not* directement après *have*. Mets cette phrase à la forme négative :

I have got a late slip. → I .... got a late slip.

Dans *have got*, *have* est donc un ....

3. *Can*

→ Grammar book p. 140

Can I go to the toilet?
Can we talk about it later?

On peut utiliser *can* pour demander une permission, ou pour demander si quelque chose est possible.

Dans ces questions, *can* est placé directement avant le ....
C'est donc un ....
On emploie la même forme, *can*, à toutes les personnes : *I can, you can, he can*, etc.

4. Le prétérit simple (1)

→ Grammar book p. 140-141

Le prétérit est un temps du passé. Il permet de parler d'événements totalement coupés du présent, qui se sont produits à un moment précisé du passé.

Dans les phrases ci-dessous, souligne les compléments de temps et écris la base verbale sous chaque verbe conjugué.

- I missed my bus yesterday.

....

- I overslept this morning... and I forgot the room number!

....

- He had an appointment at the dentist's last Wednesday.

....

Le prétérit des verbes réguliers se forme en ajoutant la terminaison .... à la base verbale.
Certains verbes sont irréguliers, donc il faut mémoriser leur forme au prétérit.
La liste des verbes irréguliers se trouve aux pages 174-175 de ton manuel.

5. Le prétérit de *be*

→ Grammar book p. 141

You were away last Wednesday, weren't you?
Where were you this morning? I was with the head teacher.

Observe ces phrases et note :

- **la forme de l'auxiliaire *be* au prétérit pour le sujet "*I*" :** ....
- **la forme de l'auxiliaire *be* au prétérit pour le sujet "*you*" :** ....
- **la forme négative de l'auxiliaire *be* au prétérit pour le sujet "*you*" :** ....

Attention à la prononciation : *were* /wə/ ***weren't*** /wɜːnt/

At home

Pour mémoriser le vocabulaire et les phrases	1 - 2 - 3
Pour s'entraîner à l'aide de conseils	4 - 5

1 Réécoute les dialogues plage 3 de ton CD et relis-les p. 122-123 de ton livre.

a. Relie chaque question à sa réponse.

Are you feeling better now? •	• Sure.
Have you got your absence note? •	• Here it is.
Where's your late slip? •	• I forgot to get one.
What's wrong, Jonathan? •	• I was with the head teacher.
Where were you? •	• I feel sick.
Can we talk about it later? •	• Yes, Sir, thank you.

b. Retrouve et note les raisons pour lesquelles ces élèves ont été absents.

1.

Helen: ....

2.

Frances: ....

3.

Abel: ....

2 Note les expressions correspondant aux illustrations dans la bonne colonne. Vérifie dans ton livre p. 13.

a.

b.

c.

d.

I've got...	I'm...
....	....
....	....

3 Note le prétérit de ces verbes : régulier ou irrégulier ? Puis propose une traduction.

Utilise les outils à ta disposition dans le manuel : la liste des verbes irréguliers se trouve p. 174-175 et le lexique aux pages 176-191.

Base verbale	Prétérit		Français
	Régulier	Irrégulier	
break (a leg)			
break down (car)			
forget			
sleep			
oversleep			
miss			
be			
twist			
happen			
have			
go			

4 Cathy a mal au ventre, Frank a mal aux dents et Peter a trop chaud. Que vont-ils dire pour expliquer leur problème et quelle permission vont-ils demander ?

Réfléchis au choix entre have got *et* be.

Cathy: ....

....

....

Frank: ....

....

....

Peter: ....

....

....

☐ *As-tu pensé à être poli(e) ?*

5 **Voici quatre billets d'absence ou de retard. L'un est rempli, à toi de remplir les autres comme tu veux. Puis écris ce que vont dire ces élèves en arrivant en cours avec ces billets.**

À quel temps vont-ils raconter ce qui leur est arrivé ? Si tu hésites, relis le n° 4 du Think about it! *page 7 ci-dessus.*

ABSENCE NOTE

Name Derek Branton Form 8C

was absent from school 2 days

from 10th October to 11th October

Reason: Broke his arm

(Signature of parents)

a.

ABSENCE NOTE

Name ____ Form ____

was absent from school ____ days

from ____ to ____

Reason: ____

(Signature of parents)

b.

LATE SLIP

Date ____

Time ____

Name ____ Form ____

is late for the following reason ____

PLEASE ADMIT PUPIL TO CLASS

Excused ☐

Unexcused ☐

Signature

c.

LATE SLIP

Date ____

Time ____

Name ____ Form ____

is late for the following reason ____

PLEASE ADMIT PUPIL TO CLASS

Excused ☐

Unexcused ☐

Signature

d.

a. ....

b. ....

c. ....

d. ....

☐ *As-tu bien écrit une phrase d'excuse à chaque fois ?*

☐ *As-tu mis le verbe au prétérit pour raconter au passé ?*

☐ *As-tu vérifié si le verbe est irrégulier p. 174-175 de ton livre ?*

3. Practise your pronunciation

L'accentuation des phrases au *present perfect*.

Pour s'entraîner à bien accentuer les mots d'une phrase, on peut prendre la phrase à l'envers !

a. Écoute et répète cette phrase découpée en segments à l'envers. À la fin, respecte bien le rythme et la vitesse de l'enregistrement.

exercise
my exercise
finished my exercise
haven't finished my exercise
I haven't finished my exercise

b. Maintenant entraîne-toi avec ces deux phrases. Les accents sont notés pour t'aider, ne les oublie pas. Écoute et répète l'enregistrement.

I've for'gotten my 'pencil to'day.
I've 'left my 'book in my 'locker.

Think about it!

1. *I can't see / I can't hear*

Grammar book p. 141

I can't see the board.
I can't hear a thing.

Tu sais que *can* peut permettre de parler de ce qui est possible, et *can't* de ce qui est impossible.

Dans les exemples ci-dessus *can't*, employé avec des verbes de perception, accentue l'idée d'incapacité. Une simple forme négative (*don't see / don't hear*) ne serait pas naturelle dans ces cas-là.

Et en français ? Que dirais-tu naturellement dans ces cas-là ?
Que remarques-tu ?

....

....

....

....

2. *Could*

→ Grammar book p. 142

Tu sais que tu peux utiliser *can* pour demander si quelque chose est possible ou pour demander un service. Pour faire une demande plus polie, par exemple si tu parles à un adulte, tu peux utiliser *could* plutôt que *can*. La demande est ainsi moins pressante.

Could you switch on the lights please?

Could you speak up please?

Dans ces phrases, souligne *could* en rouge et le sujet en bleu.

***Could* est placé …………………… le sujet dans ces questions. Comme *can, could* est donc un …………………………………… .**

⚠ **Dans *could*, on ne prononce pas le 'l' :** /kʊd/

3. Le *present perfect* (1)

→ Grammar book p. 142

I've forgotten my book at home.

I haven't finished my exercises.

a. Observe la forme verbale soulignée et complète :

Le sujet *I* est suivi de l'auxiliaire …………………………… (contracté : ……………)

au ……………………………………, et de …………………………………… (participe passé du verbe *forget*) / …………………………… (participe passé du verbe *finish*).

Comme *have* est un auxiliaire, c'est lui qui porte la marque de la négation.

***have + not* = ……………………**

> **On appelle cette forme verbale le *present perfect* =**
> ***have* au présent + participe passé du verbe.**
> **Le participe passé des verbes réguliers : BV + *ed***
> **Pour les verbes irréguliers , il faut mémoriser leur participe passé !**

b. Dans la phrase :

I've left my book in my locker. Can I go and get it?

on parle d'un fait passé (livre laissé dans le casier) pour parler de la conséquence dans le présent (demande de permission pour aller le chercher).

Avec le *present perfect*, on parle du moment …………………………………… , en faisant allusion à un fait …………………………… .

At home

Pour mémoriser le vocabulaire et les phrases	1 - 2
Pour s'entraîner à l'aide de conseils	3 - 4

1 Réécoute le script plage 4 de ton CD et relis-le p. 123 de ton livre. Puis relie les deux colonnes.

I need a tissue. •	• What does it mean?
I've forgotten my French book at home. •	• Can I go and get it?
I don't know that word. •	• Can you lend me yours, please?
I've lost my ink eraser. •	• Could you step aside, please?
Excuse me, I can't see. •	• Has anybody got one?
I've left my copybook in my locker. •	• Can I share with somebody?

2 Trouve la traduction des verbes suivants dans le script p. 123 de ton livre.

Français	Anglais	Correction (après vérification dans le lexique pp. 184-191)
voir	....	....
allumer (la lumière)	....	....
avoir besoin	....	....
entendre	....	....
parler plus fort	....	....
signifier / vouloir dire	....	....
prêter	....	....
baisser / tirer (vers le bas)	....	....
s'écarter / faire un pas de côté	....	....

3 **Complète logiquement la phrase en expliquant la raison de ta demande.**

Choisis le verbe puis, au besoin, va vérifier à quelle forme le mettre dans le n° 3 du Think about it! *p. 12.*

a. "Can you lend me your highlighter, please? .... mine."

b. "Can I go to my locker ? .... my exercise book."

c. "Can anybody lend me a pen? .... my pencil case at home."

d. "I need more time! .... my test."

☐ *Vérifie le participe passé des verbes irréguliers p. 174-175 de ton livre.*

4 **Que de problèmes !!! Mark n'a pas son livre de Maths, Juliane n'a plus d'encre dans son stylo plume et Carol a un gros rhume... ils ont tous besoin d'aide. Que vont-ils dire ?**

Avant de commencer retrouve de mémoire les mots dont tu auras besoin. Si nécessaire, va vérifier dans le lexique p. 176-191 de ton livre.

Mark: " ....

.... "

Juliane: " ....

.... "

Carol: " ....

.... "

☐ *Vérifie que tu as bien demandé de l'aide !*
☐ *Vérifie la ponctuation.*

ook 2

Eat, shop and live... the American way

► Audio tour

- Look at pages 20 and 21 of your book. Listen carefully and write down the numbers of the pictures:

  Picture n° .... / .... / .... / .... / .... /

- Look at page 22 of your book. Listen and write down the numbers of the cities on the map below.

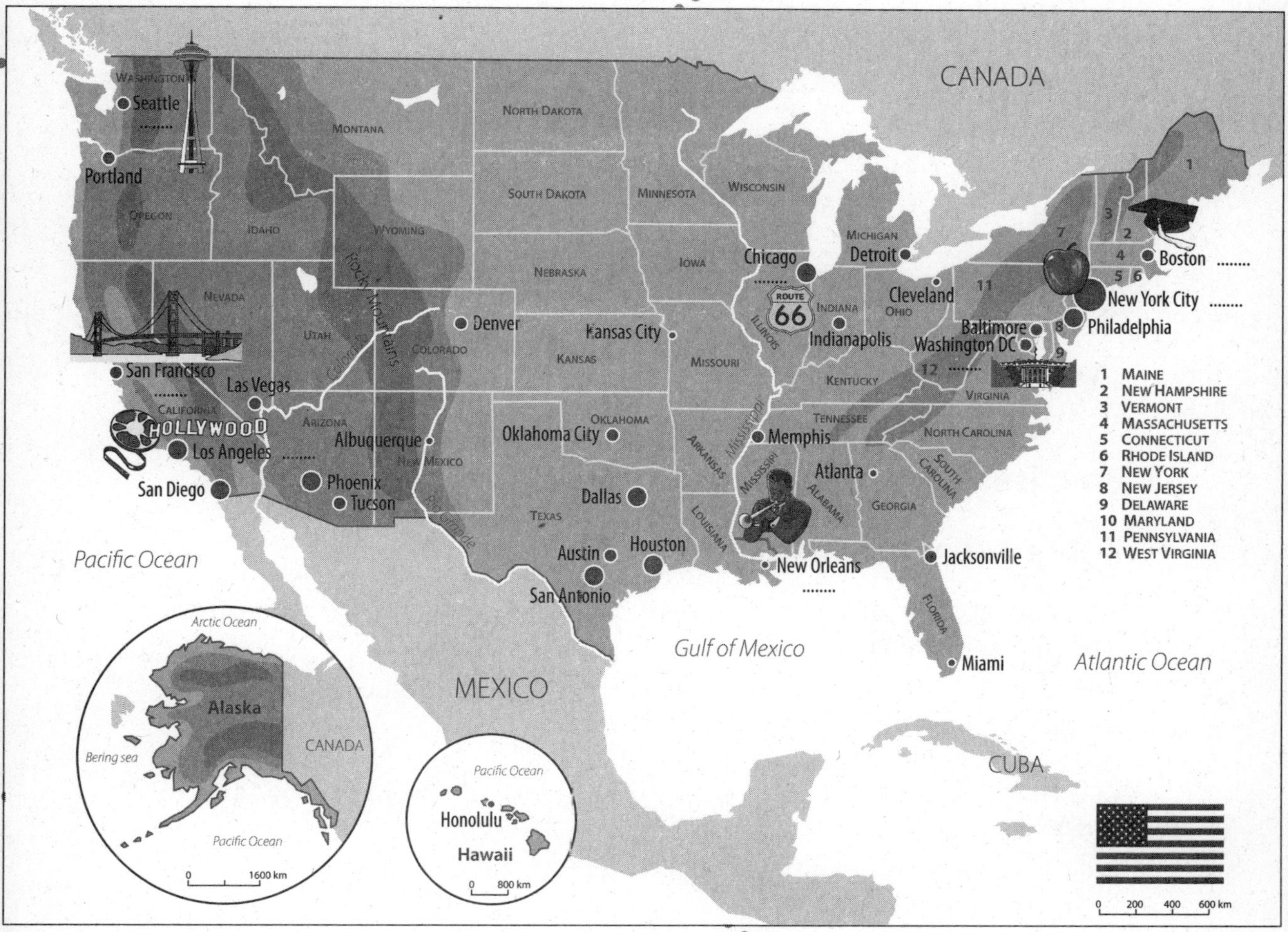

- Listen to the answers. How many answers did you get right? ....

  Well done! Hope you enjoyed the tour!

Situation 1

Preparation time

2. Listen and react

- Listen carefully to the four dialogues and complete the following grid:

Names	They'll eat...	... and drink
Jerry		
Suzy		
Ninno		
Angela		
Josh's Mom		
Josh's Dad		

3. Practise your pronunciation

1. La réduction des mots grammaticaux

a. **Écoute et place un petit trait vertical (') devant la seule syllabe accentuée de chacun de ces segments :**

some milk some juice some cereal
some bread some bacon

Cela veut dire qu'ici *some* n'est pas .... : il se prononce donc avec le son /ə/.
Écoute les segments et entraîne-toi à les répéter.

astuces

La plupart des mots grammaticaux, comme les articles par exemple, ne sont pas accentués, et le plus souvent les syllabes non accentuées se prononcent avec la voyelle neutre, notée /ə/.

b. Maintenant écoute ces autres segments, répète-les puis note les syllabes accentuées avec (').

a cup of milk
a piece of bread
a bowl of cereal
a glass of juice
a slice of bacon

Note la transcription de l'article *a* : /........../ et du mot *of* : /........../.

Que remarques-tu ? ....

....

2. Segmenter les phrases longues

Pour bien se faire comprendre quand on dit des phrases longues, ou plusieurs phrases longues d'affilée, il faut leur donner du rythme. Sinon elles ont aussi peu de sens qu'un texte sans ponctuation : tous les mots sont là, mais on ne comprend pas facilement.

a. Dans chacune de ces lignes, place des barres obliques (/) rouges aux endroits où tu penses qu'on peut faire une courte pause. Attention, il faut que chaque segment ainsi découpé ait du sens !

I got your favorite juice would you like some

can you pass me a glass of milk and a pancake please

don't skip breakfast how about a bagel or some cereal

I'd like some sausages and scrambled eggs with fried potatoes please

Ensuite souligne en bleu les mots importants parce qu'ils portent le sens principal des phrases.

Enfin repère les mots grammaticaux dont tu es sûr(e) qu'ils ne doivent pas être accentués. Barre-les au crayon à papier et note /ə/ en-dessous.

b. Tu es maintenant prêt(e) à lire ces phrases. Entraîne-toi d'abord avec ton voisin. Ensuite écoute l'enregistrement pour vérifier ta prononciation et ton intonation, et répète pour l'améliorer si besoin.

Practice time

1. You are the customer. Get ready to order!

- Read these menus. Highlight all the words you know or recognize.

• LUNCH MENU •

FRESH SPECIALTY SALADS

CHICKEN CAESAR SALAD $6.59
Classic Caesar salad with a grilled chicken breast.

GREEK SALAD $6.99

SANDWICHES AND BURGERS

All served with chips

BBQ SANDWICHES $7.89
Pork BBQ or chicken BBQ with coleslaw.

TRIPLE DECKER CLUB $8.69
Roasted turkey, ham, mozzarella, bacon, lettuce, tomato and mayo on toasted bread.

JUMBO DELUXE BURGER $7.89
Sesame bun with cheese and bacon, lettuce and tomato.

CHEESE OR TURKEY BURGER $6.99

DRINKS $2.09

Orange, apple or cranberry juice
Hot tea or coffee
regular or decaf, unlimited refills
Hot chocolate
Sodas

MILKSHAKES $3.29

Vanilla, chocolate, strawberry or pineapple

BBQ SIDE ORDERS AND EXTRAS	
Basket of French Fries	$3.75
Basket of Fried Onion Rings	$3.95
Mashed potatoes with gravy	$2.95
Coleslaw	$1.95

SPRING • DINER •
NOT JUST A RESTAURANT BUT A WAY OF LIFE
620 SLIGO AVENUE, SILVER SPRING, MD 20910

• DESSERTS •

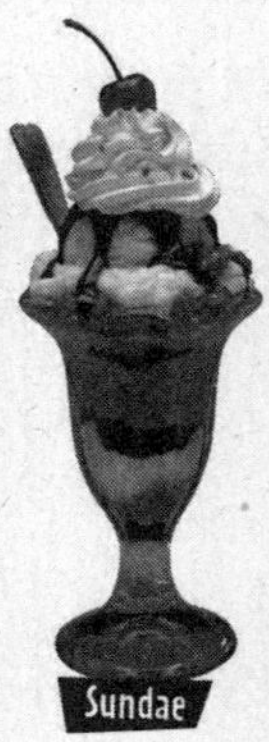

Slice $4.29
Half $10.99
Whole $18.99

APPLE PIE

CARROT CAKE

RASPBERRY CHEESECAKE

CHOCOLATE AND WALNUT BROWNIE

HOT FUDGE SUNDAE $3.99
with nuts, whipped cream and a cherry

ICE CREAM
Single scoop $1.49
Two scoops $2.49
Flavours: vanilla, chocolate or strawberry

SPRING • DINER •
NOT JUST A RESTAURANT BUT A WAY OF LIFE
620 SLIGO AVENUE, SILVER SPRING, MD 20910

• Now, use your logic! Can you guess the meaning of the following words? Match the words with the right pictures.

seasonal greens = photo ....
hard-boiled egg = photo ....
a scoop of ice cream = photo ....

a. 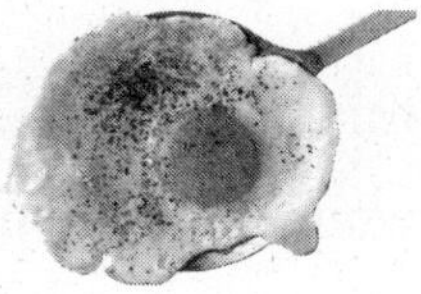
b. 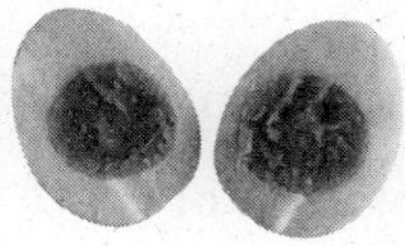
c. 
d. 

e. 
f. 
g. 
h. 

4. Now, you are the waiter

• Could you work as a waiter in the U.S? Find out! Listen to people ordering dinner at Spring Diner and fill in the following order slips:

SPRING • DINER •
NOT JUST A RESTAURANT BUT A WAY OF LIFE
620 SLIGO AVENUE, SILVER SPRING, MD 20910

Drinks

SPRING • DINER •
NOT JUST A RESTAURANT BUT A WAY OF LIFE
620 SLIGO AVENUE, SILVER SPRING, MD 20910

Drinks

SPRING • DINER •
NOT JUST A RESTAURANT BUT A WAY OF LIFE
620 SLIGO AVENUE, SILVER SPRING, MD 20910

Drinks

Think about it!

1. *I'll have... / I'd like...*

Grammar book p. 143

a. On peut utiliser deux formes verbales pour dire ce que l'on veut choisir :
- *I'll have*, ou sans contraction *I will have*...
- *I'd like*, ou sans contraction *I would like*...

I'll have some orange juice. What will you have?
I'd like some muffins. Would you like some strawberries?

Dans ces phrases, souligne les sujets en bleu et *will / 'll* ou *would / 'd* en rouge.

Que se passe-t-il dans la question ? ....

.... ***Will* et *would* sont donc des** ....

Encadre les verbes. Ce sont des ....

b. Avec *I'll have*, c'est-à-dire avec *will*, on exprime sa détermination : on prédit que son choix va se réaliser.

Avec *I'd like*, c'est-à-dire avec *would*, on exprime un souhait, donc un choix moins marqué ou une volonté moins forte.

Par rapport à *will, would* atténue la volonté, tout comme dans une question *could* atténue la demande par rapport à *can*.

On peut donc mettre ces auxiliaires en parallèle :

CAN I? : demande	*COULD I?* : demande atténuée
I'll have (WILL) : volonté	*I'd like (WOULD)* : volonté atténuée

2. Exprimer la quantité

Grammar book p. 144

a.

1. I'd like three strawberries.
2. I'll have some juice.
3. I'll have a glass of juice.
4. I'd like some strawberries.

- Quand on veut parler d'un nombre indéterminé de quelque chose, parce que la quantité n'importe pas, on peut utiliser *some* suivi d'un nom au pluriel, comme dans la phrase numéro ......
- Si on veut être précis avec un nom au pluriel, c'est facile, on utilise un chiffre, comme dans la phrase numéro ......
- On peut aussi utiliser *some* avec un nom indénombrable, c'est-à-dire un nom qu'on ne peut pas mettre au pluriel sans en changer le sens (matières, liquides, idées, sentiments, etc.), comme dans la phrase numéro ......
- Si on veut être précis avec un nom indénombrable il faut utiliser une expression qui permet de quantifier ce nom, comme dans la phrase numéro ......

b. Replace chacun des mots suivants logiquement :

cup - glass - piece - slice - bowl

a .... of juice / a .... of bacon / a .... of cereal /
a .... of toast / a .... of tea

3. Faire des suggestions

→ Grammar book p. 144

Retrouve de mémoire ou dans les scripts p. 124 de ton manuel trois façons de proposer ou suggérer quelque chose. Écris-les puis :

- surligne la ponctuation ;
- souligne la suggestion qui ne comporte pas de verbe ;
- encadre la suggestion qui commence par un verbe à l'impératif.

....

....

....

Enjoy your skills

1. Where do we go?

• Have a good look at the maps of the US and read the information about the different communities.

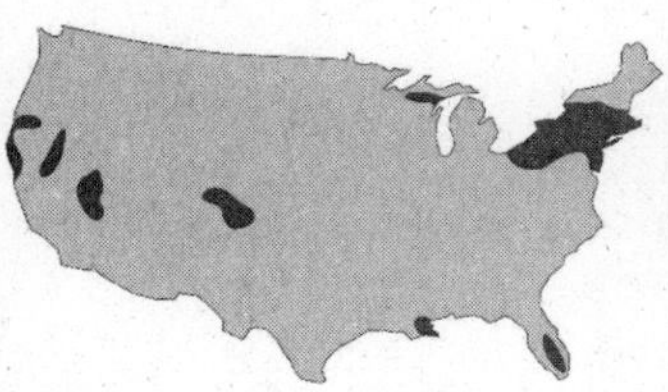

The Italian-Americans

Total population*:
15,638,348
5.6% of the whole American population.

* in 2005

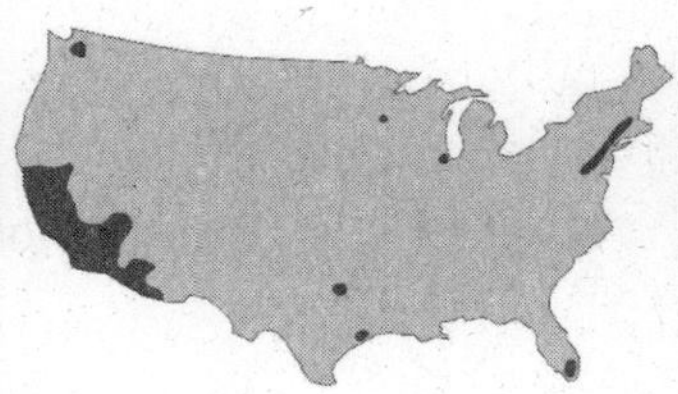

The Chinese-Americans

Total population*:
3,336,966
1.2% of the whole American population.
Total Asian population:
11.898.828
4.3% of the whole American population.

* in 2005

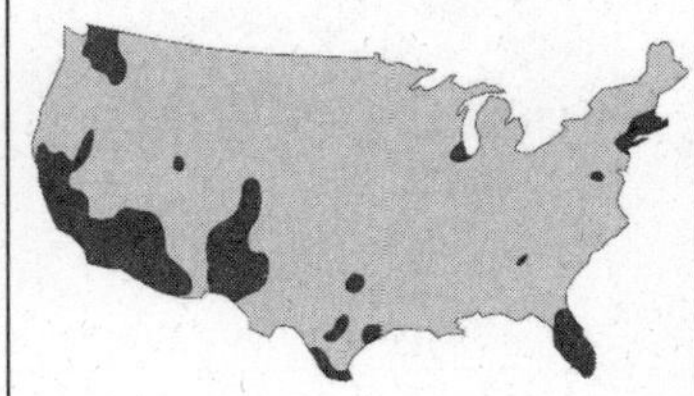

The Mexican-Americans

Total population*:
26,800,000
9% of the whole American population.
Total Hispanic population:
44,300,000
15% of the whole American population.

* in 2005

• Choose a color for each community, then color in the map and fill in the key.

☐ Italian-Americans ☐ Chinese-Americans ☐ Mexican-Americans

• **Add up the figures:**

Hispanics .... = ...%

Italians .... = ...%

Asians .... = ...%

Total .... = ...% of the whole American population.

At home

	PREPARATION TIME	PRACTICE TIME
Pour revoir et réécouter les textes	1	6
Pour mémoriser le vocabulaire et les phrases	2 - 3	7
Pour s'entraîner à l'aide de conseils	4 - 5	8

1 Réécoute les dialogues dans ton CD plage 5 et complète ces répliques avec les mots et expressions manquantes. Vérifie dans ton livre p. 124.

a. - Hey, Mom!

- Morning Jerry. Are you ....?

- Yeah, I'.......... ....!

b. - Bye Dad, I'm off!

- Hey, hey, hey, Suzy, wait a minute. Don't skip breakfast again! Come on! ....

.... a bagel?

c. ***Angela:*** Well, I think .... and a piece of toast...

Kathy: Sure. Help yourself! And .... too. You'll love them!

d. ***Josh:*** And .... ? Tea or coffee?

Josh's Mum: Er... I think I'll have a cup of tea.

Josh's Dad: And I'...... .... a cup of coffee please.

Josh: It'll be ready in a minute.

2 **Tu es à l'hôtel et le petit déjeuner est un buffet à volonté. Fais la liste de tout ce que tu voudrais puis vérifie que tu as bien orthographié les mots dans ton livre p. 25.**

For my breakfast, I would like:

....

....

....

3 **Choisis la réplique qui conviendrait dans chacune des situations suivantes :**

1. Tu proposes quelque chose.
2. Tu appelles tout le monde.
3. Tu n'arrives pas à attraper quelque chose.
4. Tu donnes quelque chose.
5. Tu dis à un ami de se servir.
6. Tu as soif.

Help yourself in the fridge! **n°** ......

Here you go! **n°** ......

Have some juice, Eli! **n°** ......

Could I have some juice, Dad? **n°** ......

Can you pass me the milk, please? **n°** ......

Breakfast is ready! **n°** ......

4 Écris la légende de chaque image en précisant le nombre à chaque fois.

Avant de commencer, relis le n° 2 du Think about it! *p. 20 ci-dessus. Comment feras-tu pour préciser le nombre avec un indénombrable ?*

dénombrables	indénombrables
waffle - egg	cranberry juice - cereal - toast - coffee

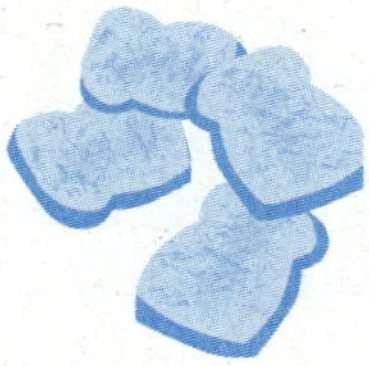

a. ....

b. ....

c. ....

d. ....

e. ....

f. ....

5 À partir des éléments de la première colonne, écris six phrases en choisissant des éléments dans les trois autres colonnes.

I'll have...	some	sausages	
Would you like...	a piece of	cereal	.
How about...	a glass of	muffins	
I'd like...	a bowl of	cranberry juice	?
What will you have...	a cup of	scrambled eggs	
Have...	with your	toast	!
		coffee	

....

....

....

....

....

....

6 **De mémoire réponds brièvement aux questions suivantes sur Jerry, Mason et Suzy au restaurant, puis vérifie tes réponses en réécoutant le CD plage 7 et éventuellement en relisant le script p. 125 de ton livre.**

1. Where is Suzy from? ....

2. Where does she live now? ....

3. Is she ☐ Jerry's friend? ☐ Jerry's sister? ☐ Jerry's cousin?

4. What does Suzy want? ....

....

5. What will Jerry have? ....

....

6. What would Mason like? ....

....

7. What will they have to drink? ....

....

7 **Ces adjectifs précisent la cuisson ou le mode de préparation des aliments. Ce sont des participes passés. Retrouve la base verbale puis associe-les au bon dessin.**

Rappelle-toi :
- le « y » se transforme en « i », ex. tidy → tidied
- une syllabe et consonne + voyelle + consonne, on double la consonne, ex. stop → stopped

.... → grilled •

.... → roasted •

.... → fried •

.... → mashed •

.... → toasted •

.... → whipped •

• 

• 

• 

• 

• 

• 

8 Complète les dialogues de restaurant suivants. Dans le premier, tu es le client. Dans le deuxième tu es le serveur.

Tu peux t'aider du b. pour compléter le a. et du a. pour compléter le b.
Tu peux aussi relire les scripts de ton livre p. 124-125.

a.- Hello, what can I get you?

- Well, ...
- Would you like something to drink?
- Yes, ...
- Here you go. Can I get you anything else?
- Yes, ...
- Ok, I'll be back in a minute.

b. - Good evening, ... ?

- Yes, I'd like a Coke with a lot of ice, please. [...]
- Here is your Coke! .... ?
- Yes, I'd like the pork chop with French fries.
- .... [...]
- ....
- No, no dessert, I'm fine, thank you.

☐ *Vérifie la logique de tes dialogues en les jouant dans ta tête ou avec un(e) ami(e).*

Revision Time

	Où réviser cette situation ?		
	BOOK	CD-rom	WB
Pour relire et réécouter les textes	p. 124-125	plages 5-7	
Pour revoir les points de grammaire	p. 143-144		p. 20-21
Pour mémoriser les phrases modèles et le vocabulaire et améliorer ton intonation, ta prononciation et ton accentuation	p. 28	plage 8 lexique CD-rom	

Maintenant, apprends à t'auto-évaluer et prépare-toi au test grâce au *checkpoint* p. 117.

Situation 2

Preparation time

2. Listen and react

• Listen again to Phone call 1 and write down Suzy's number.

Suzy's number: ....

• Is Suzy coming? Listen to the next 3 phone calls and tick Yes, No or Don't know, and then explain why. Listen and check.

	Is Suzy coming?		
	Yes	No	Don't know
Phone call 2			
Phone call 3			
Phone call 4			

3. Practise your pronunciation

1. Liaisons

Quand on parle naturellement en anglais, on fait des liaisons entre certains mots, par exemple entre un mot finissant par un son consonne et un mot commençant par un son voyelle.

a. Lis les phrases ci-dessous et note une liaison (◡) là où tu penses qu'on doit en faire une.

1. I'll find a cool film to watch.
2. I'll probably read a book and write an essay.
3. I'll meet up with a friend on Monday.
4. I certainly won't e-mail anyone, my grandma hasn't got a computer.

b. Maintenant écoute pour vérifier tes réponses. Puis répète ces phrases en respectant les liaisons.

2. *Kinda / gotta / gonna*

1. You kind <u>of</u> like her.
2. You've got <u>to</u> be joking.

Dans les phrases ci-dessus, est-ce que les mots soulignés doivent être accentués ? .... Cela veut dire qu'à l'oral, ces mots se prononcent avec la voyelle ...., notée /........../.

Et donc on fait la liaison avec la consonne qui précède : le « d » de *kind* , le « t » de *got* :

- *kind of* se prononce comme un seul mot, /kaɪndə/
- *got to* se prononce comme un seul mot, /gɒtə/

Dans une langue écrite familière, courante aux États-Unis, on voit parfois ces mots écrits *kinda* / *gotta*, ce qui est une sorte de transcription de la façon de les prononcer !

3. You're never going to ask her, are you?

Une prononciation rapide et relâchée de la phrase ci-dessus, par exemple dans un américain familier, aboutit à une contraction de *going* + *to* : le son /t/ disparaît et la diphtongue /əʊ/ (de *going*) se réduit au son /ɒ/ (le son voyelle de *got*), plus facile à prononcer.

On passe donc de /gəʊɪŋ tə/ à /gɒnə/, que l'on voit parfois écrit *gonna.*

Attention, on n'utilise ces contractions à l'écrit que dans un registre familier, quand on écrit à des amis, dans des chansons populaires, jamais au travail par exemple !

- **Écoute et répète chaque phrase, prononcée d'abord dans un registre soutenu, puis dans un registre familier.**

Practice time

1. Remember Suzy?

- **So, is Suzy happy? ☐ Yes ☐ No? Tick the sentences that tell you.**

☐ You won't believe this!
☐ I'm going to DC tomorrow.
☐ And guess what?
☐ So, we're going to take the Red Line from Silver Spring to Chinatown.
☐ Cool, huh?
☐ I can't wait!
☐ I'm so excited!!!
☐ I really hope we'll take the Segway tour!
☐ Oh my gosh! This is going to be the best day of my life!

- **Read her email again and write down sentences that show Suzy likes Mason.**

- ....
- ....
- ....
- ....

2. Discover Washington, DC

- **Listen to the first part of the city tour program and complete this form.**

WASHINGTON SEGWAY TOUR
Duration: ....
Cost: ....
Meeting point: ....
Meeting hours: ....
Minimum age: ....

- **Now, listen to the second part of the program and draw the itinerary on the map.**

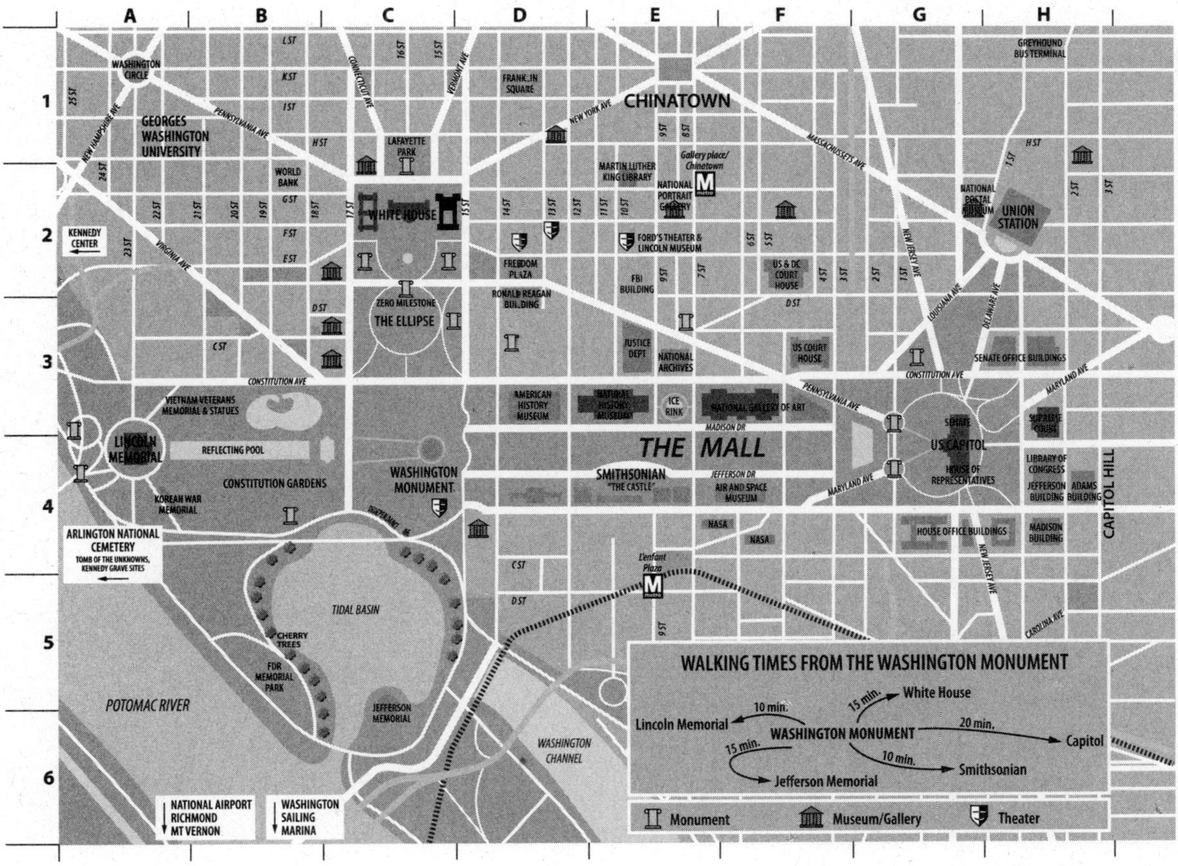

- **Will Suzy and her friends take the Segway tour? Why or why not?**

....

....

Think about it!

1. Rappel : le présent *be-ing*

Grammar book p. 145

Dans les phrases ci-dessous, souligne les formes au présent *be -ing*, et complète :

Le présent *be -ing*, c'est l'auxiliaire .... au ....

.... suivi du verbe avec la terminaison ....

1. Hey, what's up?
   Well, I'm planning my winter break.
2. We're going tomorrow. *(Hurry up and call her!)*

Pourquoi Jerry utilise-t-il le présent *be -ing* dans les phrases ci-dessus ? Coche :

1a. ☐ Pour dire qu'il prépare ses vacances, c'est tout.
b. ☐ Pour dire qu'il prépare ses vacances afin d'expliquer la raison de son coup de téléphone.
2a. ☐ Pour donner la date du départ, c'est tout.
b. ☐ Pour donner la date du départ afin de faire une remarque : il faut se dépêcher d'appeler Suzy.

On emploie le présent *be -ing* quand ce n'est pas l'information elle-même *(plan my winter break / go tomorrow)* qui est le plus important, mais quand il y a une autre raison d'en parler, comme par exemple se justifier, s'expliquer, faire une remarque intéressante ou importante.

2. *Will / 'll*

Grammar book p. 146

1. I'll see her tomorrow in gym...
2. I'll call her this afternoon.

Surligne l'auxiliaire et encadre le verbe dans ces deux phrases , puis complète :

.... , la contraction de *will*, est suivi d'une ....

À la forme négative : *will + not* = ...

On emploie *will* quand on veut prédire l'avenir :

- soit en se basant sur ses connaissances (dans la phrase 1, Mason connait l'emploi du temps de Suzy donc il peut prédire qu'il la verra en cours de gym),
- soit en décidant, en affirmant sa volonté (dans la phrase 2, Jerry affirme /décide qu'il appellera Suzy) .

Remarque : le nom *will* signifie « volonté » et aussi « testament » (c'est-à-dire les dernières volontés).

3. *When I get back, I'll...*

Grammar book p. 147

1. If we go to New York City, we'll take a walk in Central Park.
2. When I am back next week, I'll call you.
3. I'll tell you everything when I get back tomorrow night.

• Surligne les deux groupes verbaux dans chacune de ces phrases. Que remarques-tu ?

L'un est au ……………………, l'autre est composé de ……………………
+ base verbale.

• Mets entre crochets les subordonnées de supposition (commençant par *if*) et de temps (commençant par *when*), puis souligne les propositions principales. Que remarques-tu ?

Les propositions subordonnées de supposition et de temps sont au ……………………
quand la proposition principale sert à faire une prédiction avec …………………… + base verbale.

Remarque : Est-ce que propositions subordonnées et propositions principales se trouvent toujours dans le même ordre dans une phrase ? ……………………

Et en français ?

Observe : Si nous allons à New York, nous irons à Central Park.
Quand je rentrerai, je t'appellerai.

- Quand on fait une prédiction au futur à partir d'une subordonnée de supposition, cette subordonnée est au ……………………, comme en anglais.
- Quand on fait une prédiction au futur à partir d'une subordonnée de temps, cette subordonnée est au …………………… . Dans ce cas, le français et l'anglais ne fonctionnent pas de la même manière.

4. Le superlatif des adjectifs

Grammar book p. 148

a. Le superlatif (de supériorité) d'un adjectif permet de comparer une personne, un animal, une chose, à tout un groupe ou un ensemble en disant qu'il est supérieur aux autres.

Mason is cute. He is the cutest guy ever!
It's a famous memorial. It's the most famous memorial in Washington.

• Si l'adjectif est long, on utilise …………………… devant l'adjectif.
• Si l'adjectif est court (une syllabe ou deux quand l'adjectif se termine par *-y* ou *-er*) : on ajoute …………… devant l'adjectif et la terminaison …………….

- Le *-y* se transforme en *-i* (*heavy* → *the heaviest*).
- Pour un adjectif d'une syllabe, terminé par une consonne, précédé d'une voyelle : on double la consonne (règle des trois « 1 ») (*big* → *the biggest*)

Exceptions : *good / well* devient *the best*.
bad devient *the worst*.

Enjoy your skills

2. You need to know more about New York City

• Look at the pictures and read the captions on p. 40-41 in your book, then complete your map of Manhattan.

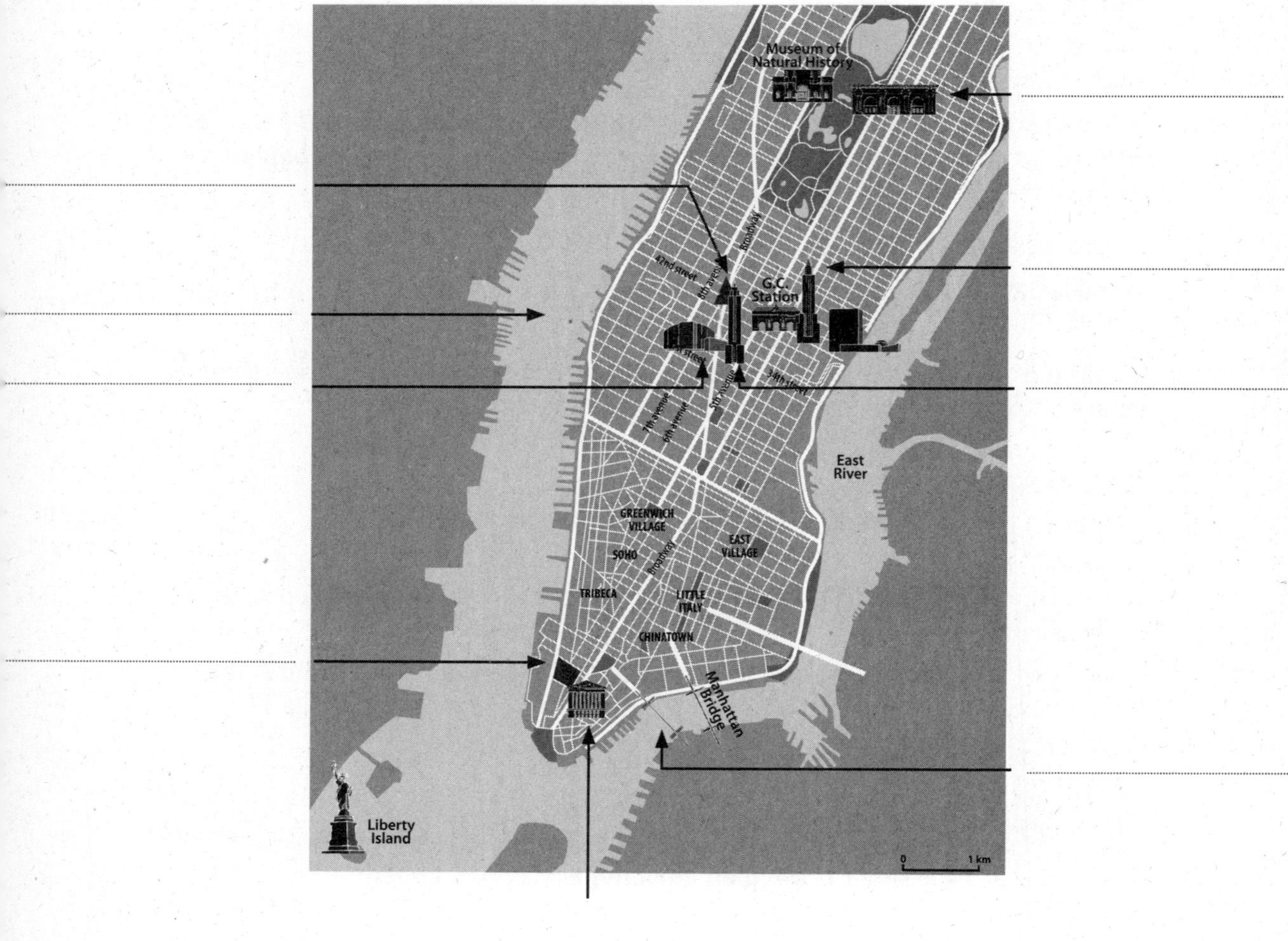

• Now, listen to guides, tourists or taxi drivers from New York City and spot the places they talk about on the map.

3. Now you can e-mail your best friend

• Tell her / him about what you'll do in New York City and how excited you are to go there.

a. If you need help expressing your feelings:

Go to p. 28 above, read "Remember Suzy?" and write down some expressions you want to use in your e-mail:

b. If you need help organizing your ideas:

- Read Suzy's e-mail again (p. 36 of your book) and link the paragraphs to the titles.

paragraph # 1 •	• her hopes
paragraph # 2 •	• great news!
paragraph # 3 •	• what she promises
paragraph # 4 •	• her plans

- Write down the titles and ideas for each paragraph of your e-mail. Use the pictures and information in your book p. 40 and 41 or do your own research.

paragraph # 1:

paragraph # 2:

paragraph # 3:

paragraph # 4:

c. Now, write your e-mail.

Use acronyms and smileys!

At home

	PREPARATION TIME	PRACTICE TIME
Pour revoir et réécouter les textes	1	5
Pour mémoriser le vocabulaire et les phrases	2	6
Pour s'entraîner à l'aide de conseils	3 - 4	7 - 8 - 9

1 **Qui dit quoi ? De mémoire, attribue chaque bulle à Mason ou à Jerry. Écris un M (pour Mason) ou un J (pour Jerry) à la base de chacune des bulles. Réécoute ton CD plage 9 et vérifie également dans le script, livre p. 125.**

I will! I will! I'll ask her! ……

Hey Jerry, what's up? M

Yeah, OK. I'll call her tonight. What's her number? ……

Well, I'm planning my winter break and I'd like to go to DC on Tuesday. Are you in? ……

So... Mason... What's up? Is Suzy coming? ……

Look, I'll do it, OK? I'll call her this afternoon. End of story. ……

Yeah, yeah, yeah. I know! I know! I'll do it tomorrow. I'll send her an e-mail, OK? ……

Oh, man! I don't believe it! Are you ever gonna ask her? It's not a date! We're just going into DC! ……

Whatever. I'll see her tomorrow in gym. I'll ask her then. ……

2 **a. Relie les mots aux dates :**

October 30th	October 31st	November 1st 10 am / 10 pm	November 2nd 10 pm	November 3rd
•	•	Today •	•	•

• • • • •

tomorrow / tonight / the day before yesterday / the day after tomorrow / yesterday

b. Choisis la traduction qui correspond le mieux aux expressions qu'utilisent Mason et Jerry, puis relis les scripts dans ton livre p. 125-126 et vérifie tes choix.

1. What's up?	☐ Quoi de neuf ? ☐ Quelle heure est-il ?
2. downtown Washington	☐ au sud de Washington ☐ en centre ville de Washington
3. hang on	☐ rappelle-moi ☐ attends une minute
4. actually	☐ en fait, à vrai dire ☐ au contraire
5. whatever...	☐ c'est ça..., peu importe... ☐ absolument pas
6. gotta go	☐ laisse moi tranquille ! ☐ j'te laisse
7. You gotta be joking me!	☐ Tu te moques de moi, ou quoi ? ☐ C'est triste
8. You're hopeless!	☐ Tu as bon espoir ☐ T'es un cas désespéré
9. End of story!	☐ Point final / On n'en parle plus ! ☐ C'est la fin des haricots.
10. I owe you one.	☐ Tu me dois de l'argent. ☐ J'te revaudrai ça.

3 Les parents de Suzy s'en vont pour le week-end. Complète leur conversation avec Suzy et son petit frère Mark en utilisant *will* / *'ll* ou *won't*.

Lis une première fois ce dialogue, puis relis chaque réplique en entier avant de les compléter.

Dad: Suzy, Mark, we're going!

Suzy: Ok, have a nice weekend!

Dad: Thank you. So, Mark, I hope you .... be good and listen to your sister...

Mark: I promise!

Mom:... and promise you .... spend hours playing video games!

Mark: OK! OK!

Suzy: Mom, er... I .... probably have a little party on Sunday afternoon. What time .... you be back?

Mom: We .... be back by 9, so I really hope you .... find the time to clean up!

Dad: But we .... have time to eat, so save a pizza for us!

Suzy: No problem!

Dad: Great! Bye!

Suzy and Mark: Bye, Dad, bye Mom!

4 Décide de ce que tu feras si tu vas dans ces différentes villes des États-Unis.

Tu peux trouver des idées sur les cartes de ton livre p. 22 et 32.

a. If I go to Washington, DC, ...

b. If I go to New York City, ...

c. If I go to Las Vegas, ...

d. If I go to Los Angeles, ...

☐ *Pour être sûr(e) que tu n'as rien oublié, encadre* will *ou* 'll *et souligne la base verbale dans chacune de tes phrases.*

5 Retrouve dans le mail de Suzy l'équivalent anglais des expressions suivantes :

a. Et devine quoi ? ......

b. Je suis vraiment impatiente ! ......

c. Je parie que ça n'a rien à voir avec ce qu'on voit à la télé. ......

d. Je te laisse / Il faut que j'y aille. ......

6 Mets ces adjectifs au superlatif.

Relis le n° 4 du Think about it! *p. 31 ci-dessus..*

Large ......

Great ......

Famous ......

Busy ......

Impressive ......

Big ......

Exciting ......

Stunning ......

7 Mason fait visiter Manhattan à Suzy qui s'extasie devant cette partie de New York qu'elle ne connaît pas. Complète ce que Mason dit en utilisant un superlatif à chaque fois. Sers-toi de l'exemple comme modèle.

Pense aux modifications orthographiques. Revois le n° 4 du Think about it! *p. 31 ci-dessus.*

a. ***Suzy:*** Wow! This **building** is so impressive!

Mason: Yeah, well, it's the Rose Center for Earth and Space. I think it's the most impressive **building** in Manhattan.

b. ***Suzy:*** Look at that! This building is so high!

Mason: Yeah, it's the Empire State Building, it's ......

c. ***Suzy:*** I don't believe it! This place is so <u>busy</u>!

Mason: Well, it's Times Square, you know, it's ....

....

d. ***Suzy:*** Wow! This park is so <u>big</u>!

Mason: Yeah, actually, Central Park is ....

....

e. ***Suzy:*** Amazing! This restaurant looks so <u>old</u> and it's in such a modern neighbourhood!

Mason: I know. It's the Fraunces Tavern. It's ....

....

f. ***Suzy:*** Fantastic! This building is so <u>original</u>!

Mason: It's my favorite too: the Chrysler Building. It's ....

....

☐ *Si dans un exercice ou dans un texte, on fait référence à une personnalité, un endroit ou autre chose que tu ne connais pas, n'hésite pas à faire une recherche au CDI ou sur Internet pour avoir une idée plus précise de ce dont on te parle. Exemple : recherche des images du* Rose Center for Earth and Space, *tu ne seras pas déçu(e) !*

8 **Jerry, très optimiste, insiste auprès de sa mère, plutôt pessimiste, pour participer à *Pop Idol*, jeu télé qui permet au gagnant d'enregistrer un CD. Complète leurs arguments en utilisant les groupes verbaux ci-dessous. Tu peux aussi imaginer tes propres phrases !**

miss school / become a star / lose all your friends / work very hard /
do whatever you want* / buy you a huge swimming-pool

*do whatever you want = *faire ce que tu veux*

- Lis tous les groupes verbaux proposés et assure-toi que tu les comprends bien avant de commencer !
- Rappelle-toi que les subordonnées en if *et* when *au présent sont accompagnées d'une principale avec* will + BV *quand on veut faire une prédiction.*

Jerry: Look, Mom, if you let me go on Pop Idol, I ....

.... I promise!

And if I win this contest, I ....

..............................!

And when I am a star and I am rich, I ....

....

Please, Mom, say "yes"!

Jerry's Mom: Stop dreaming, Jerry! If you go on Pop Idol, you ....

....

for two months! And if you have to do the year over again*, you ....

....

Is that what you want? When you are 18 or 20, you ....

...., but you're too young and my answer is "no"!

*do the year over again = *redoubler*

☐ *Vérifie bien que dans toutes les phrases que tu as rédigées, tu as bien utilisé* will + *BV. Souligne ces deux mots pour être sûr(e)!*

9 Réécris ce mail pour le rendre plus intéressant et plus enthousiaste.

Remplace les adjectifs courants par des adjectifs plus expressifs (par exemple des adjectifs de l'exercice 6).
- Ajoute d'autres adjectifs / des smileys / des adverbes d'intensité (very, extremely, so...) */ des superlatifs / des subordonnées en* if *et* when */ des expressions positives comme celles du mail de Suzy p. 36.*

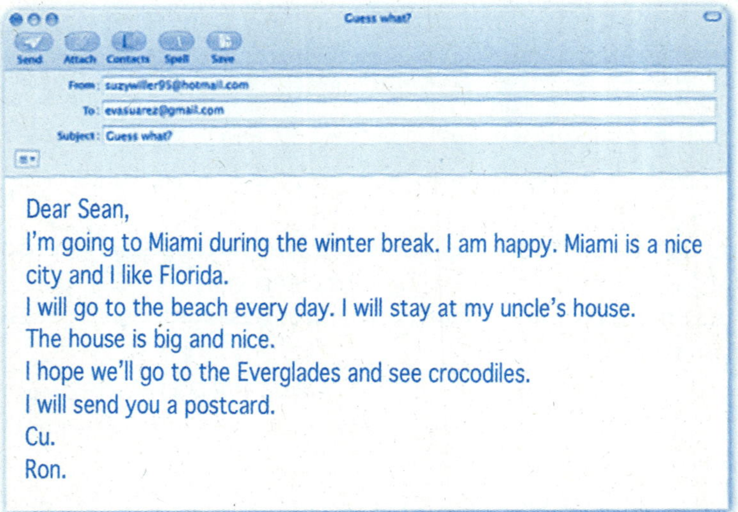

Guess what?

Send Attach Contacts Spell Save

From: suzywiller95@hotmail.com

To: evasuarez@gmail.com

Subject: Guess what?

Dear Sean,
I'm going to Miami during the winter break. I am happy. Miami is a nice city and I like Florida.
I will go to the beach every day. I will stay at my uncle's house.
The house is big and nice.
I hope we'll go to the Everglades and see crocodiles.
I will send you a postcard.
Cu.
Ron.

....

....

....

....

....

....

....

....

....

....

....

....

....

....

Revision Time

	Où réviser cette situation ?		
	BOOK	CD-rom	WB
Pour relire et réécouter les textes	p. 125-36	plages 9-10	
Pour revoir les points de grammaire	p. 145-148		p. 30-31
Pour mémoriser les phrases modèles et le vocabulaire et améliorer ton intonation, ta prononciation et ton accentuation	p. 38	plage 11 lexique CD-rom	

Maintenant, apprends à t'auto-évaluer et prépare-toi au test grâce au *checkpoint* p. 119.

Situation 3

Preparation time

2. Listen and react

• Listen and tick the clothes the fashion expert is talking about.

a. b. c. d.

• Listen again and, at each pause, tick the adjectives used.

- This is ☐ classical ☐ typical of fashion...

... the ☐ real ☐ rebel look...

- The clothes were ☐ brighter ☐ greater...

... more ☐ beautiful ☐ colorful...

... often ☐ checked ☐ checkered... or ☐ striped ☐ typed...

- The skirts were ☐ longer ☐ cooler ☐ looser...

The jeans were ☐ higher ☐ wider too...

... men wore ☐ flashy ☐ flowery shirts...

3. Practise your pronunciation

1. Les suffixes neutres

Écoute ces mots et note les accents à l'aide d'un trait vertical ('), puis écoute-les à nouveau et répète-les.

Comfort – comfortable   Color – colorful   Expense – expensive
Fashion – fashionable   Beauty - beautiful

Certains suffixes, qui permettent par exemple de former des adjectifs à partir de noms, ne changent pas la position de l'accent dans le mot. En voilà trois exemples :

.............................., ... et ....

2. La prononciation de l'anglais américain

a. Écoute ces mots, prononcés d'abord en anglais britannique puis en américain, et répète-les en imitant bien les deux accents différents.

1. dinner; 2. adult; 3. France; 4. pretty; 5. shop; 6. tricky; 7. store;
8. pants; 9. interesting; 10. sweater

b. Voici quelques différences entre la prononciation de l'anglais britannique et de l'anglais américain. Écoute plusieurs fois les mots ci-dessus et note leur numéro à côté de la ou les règle(s) qu'ils illustrent.

- L'accent est parfois placé à un endroit différent. ....

- Certaines voyelles sont prononcées différemment, par exemple certaines sont nasalisées, certaines sont plus ouvertes. ....

- Certaines consonnes sont prononcées différemment : par exemple en américain le « t » est prononcé comme un /d/ bref. ....

- En anglais américain, on prononce les « r » à la fin des mots. ....

c. Maintenant écoute et répète ces phrases en imitant bien les accents différents.

1. Your pants are cooler than the ones I bought yesterday.
2. Hey, this looks great! It looks really comfortable!
3. I don't like this sweater, it's too short, you need a longer one.
4. Oh! Interesting...... You're not gonna wear that, are you?
5. This girl's wearing the most fantastic outfit!

Practice time

1. Join Suzy and Jerry at the shopping mall

• Listen to Jerry and Suzy. Why is Jerry making a face? Tick what's wrong with:

- the jeans: ☐ the style ☐ the price ☐ the color
- suit n° 1: ☐ the style ☐ the price ☐ the color
- suit n° 2: ☐ the style ☐ the price ☐ the color
- suit n° 3: ☐ the style ☐ the price ☐ the color

• Now, listen again and explain.

You: Jeans are wrong because...

Jerry doesn't like the first suit because it's... and...

3. Go shopping with Suzy

• Listen and cross out the dresses Suzy doesn't want or like, then tick the dress Suzy picked and circle the right price tag.

a. ☐

b. ☐

c. ☐

d. ☐

e. ☐

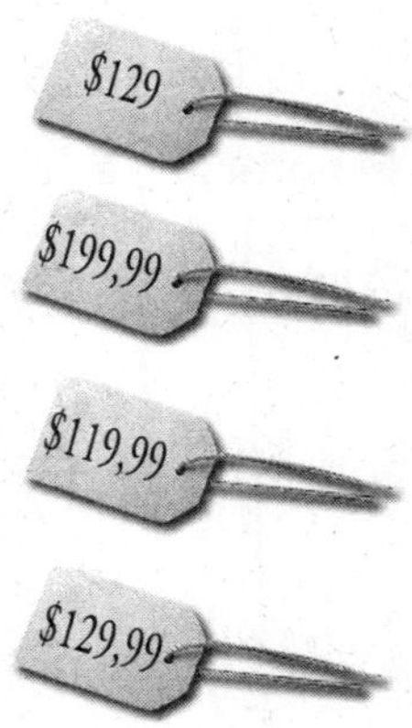

• Listen again and justify Suzy's choices.

You: Suzy won't take dress... because...

Think about it!

1. Le comparatif des adjectifs

→ Grammar book p. 149

In the sixties, the clothes were brighter, more colorful.

Observe cette phrase. Pour former le comparatif des adjectifs :

- Si l'adjectif est long, on utilise .... devant l'adjectif.

- Si l'adjectif est court (une syllabe ou deux quand l'adjectif se termine par *-y* ou *-er*), on ajoute la terminaison .... à l'adjectif.

- Le *-y* se transforme en *-i (flash**y** - flash**i**er)*
- Pour un adjectif d'une syllabe, terminé par une consonne, précédé d'une voyelle : on double la consonne (règle des trois « 1 ») (*hi**p**-hi**pp**er)*

Exceptions : *good* devient *better*
bad devient *worse*

Dans les deux cas (adjectifs longs et courts), on relie les deux termes de la comparaison avec *than*, qui n'est pas accentué : /ðən/.

The blue skirt is more comfortable than the red dress.
The black jeans are tighter than the brown pants .

2. *One*

→ Grammar book p. 149

a. I want a regular suit.
This <u>one</u> is cool!

Que remplace *one* dans ces phrases ? ....,

c'est-à-dire un ....

***One* est donc un .... On l'utilise pour éviter les répétitions.**

b. What do you think?
I like the brown <u>one</u>. The grey <u>one</u> is too tight.
I'll take the blue jeans. The black <u>ones</u> are too expensive.

En français, on peut utiliser un article suivi d'un adjectif seul (par exemple : le marron / le gris), mais en anglais, c'est impossible. On est donc obligé d'utiliser le pronom .... (ou, au pluriel, ...) si l'on veut éviter de répéter le nom après l'adjectif.

3. Rappel : les questions

→ Grammar book p. 150

Voici diverses questions que l'on peut entendre dans un magasin.

• Surligne les quatre questions auxquelles on répond par oui ou non, ou par des expressions équivalentes.

• Mets entre crochets celles qui demandent une information (prix, lieu, etc.)

a. Can I help you?
b. How much is this?
c. Where are the dressing rooms?
d. Would you like to try that shirt on?
e. What do you think?
f. Do you need anything else?
g. What have they got?
h. Do they have it in grey?
i. What size are you?
j. What do you have in mind?

• Recopie le début de ces questions dans le tableau ci-dessous. Attention, certaines cases doivent rester vides.

	mot interrogatif [+ nom]	auxiliaire	sujet	verbe	...?
a.					...?
b.					...?
c.					...?
d.					...?
e.					...?
f.					...?
g.					...?
h.					...?
i.					...?
j.					...?

• Complète :

- Une question ouverte est une question qui demande une information, on peut donc y répondre de diverses façons.
Elle commence par un ....
Tous les mots interrogatifs contiennent les deux mêmes lettres (mais pas toujours dans le même ordre), lesquelles ? .... et ....
- Une question fermée est une question à laquelle on ne peut répondre que par .... ou par .... ou par des expressions équivalentes. Elle commence par un ....

At home

	Preparation time	Practice time
Pour revoir et réécouter les textes	1	5 - 6
Pour mémoriser le vocabulaire et les phrases	2	7
Pour s'entraîner à l'aide de conseils	3 - 4	8 - 9

1 Lis ces différentes affirmations sur la mode. Repère et corrige celles qui sont fausses puis vérifie en réécoutant le CD plage 12 et éventuellement en relisant le script p. 126 de ton livre.

a. The fifties were the decade of the hippie look, the James Dean look.

....

b. In the sixties, the clothes were brighter and more colorful.

....

c. It was the era of the mini-skirt... and it was very well accepted at the time.

....

d. In the late 60s and early 70s, skirts were shorter and tighter.

....

e. In the late 60s and early 70s, young men wore flowery shirts... and long hair.

....

2 Décris chaque illustration avec un nom précédé d'un ou deux adjectifs.

N'oublie pas que tu peux toujours consulter ton lexique p. 176-191 et celui de ton CD-rom.

a.  b.  c.  d.  e. 

a. ....

b. ....

c. ....

d. ....

e. ....

3 Mets les adjectifs suivants au comparatif.

Relis le n° 1 du Think about it! *p. 43 au besoin.*

short → ....

fashionable → ....

comfortable → ....

hip → ....

bright → ....

shiny → ....

wide → ....

4 Rédige cinq phrases pour comparer Suzy et Eva ainsi que les vêtements qu'elles portent.

Une comparaison fonctionne dans les deux sens : si quelqu'un est plus grand, c'est que l'autre est plus petit, si quelque chose est plus long, c'est que l'autre est plus court !

a. ....

....

b. ....

....

c. ....

....

d. ....

....

e. ....

....

☐ *Vérifie que tu as bien fait la différence entre adjectifs longs et adjectifs courts.*

☐ *Entoure* than *pour être sûr(e) que tu ne l'as pas oublié quand tu compares deux choses, deux personnes,...*

5 **Réécoute le dialogue entre Suzy et Jerry, plage 13 de ton CD, et coche les problèmes pour chaque vêtement proposé. Vérifie dans ton livre p. 127.**

Suggestions	Problems
Jeans + a shirt + a jacket + a pair of sneakers	☐ too expensive ☐ too casual ☐ too fancy
A striped black suit	☐ the stripes are too big ☐ Jerry doesn't want to look like a penguin ☐ black is not a fashionable color ☐ Jerry doesn't like stripes ☐ stripes are old-fashioned
A navy blue suit	☐ too expensive ☐ too old-fashioned ☐ the color looks terrible on Jerry
A grey suit	☐ too expensive ☐ too old-fashioned ☐ the color looks terrible on Jerry

6 **Associe à chaque question du vendeur la réponse de Jerry, puis vérifie en réécoutant ton CD plage 14 et éventuellement en relisant le script dans ton livre p. 127.**

Can I help you? •	• Well, I like the brown one.
What do you have in mind? •	• No, I'm good, thanks.
What size are you? •	• Yeah, actually I'm looking for a suit.
Would you like to try them on? •	• Well, I know what I don't want.
So, what do you think? •	• Yeah sure. Where are the dressing rooms?
Do you need anything else? •	• 32

7 **Retrouve ces expressions de mémoire, puis vérifie dans les dialogues p. 127.**

Pas question !	....
Qu'est-ce que tu dis de celui-ci ?	....
Allez ! Essaie-le !	....
Le bleu marine ne me va pas du tout.	....
Beaucoup trop cher !	....
Je cherche un costume.	....
Il me va mieux.	....
Il est en solde.	....

8 Complète les phrases suivantes pour éviter les répétitions.

Si tu hésites, relis le Think about it! *n° 2 p. 43.*

a. These boots are too small. Have you got bigger ……………………?

b. I never wear cotton jackets. I'd prefer a leather …………………… .

c. I don't want these wide pants. I want tighter …………………… .

d. I just hate long dresses. Do you have shorter ……………………?

e. Look at this shirt! It's cool... and how about this fancy ……………………?

☐ *Relis et réfléchis : comment as-tu choisi entre singulier et pluriel ?*

9 Complète ces dialogues. Dans le premier, tu es client dans un magasin de chaussures, dans le second tu es vendeur dans un magasin de pantalons.

Tu peux t'aider du b. pour compléter le a. et du a. pour compléter le b.

a. - Good afternoon, can I help you?

- Well, …………………… .

- Do you have a color in mind?

- Yes, …………………… .

- What size are you?

- …………………… .

- OK, I've got this very nice pair. What do you think?

- No, …………………… .

- Alright, take a look at these here. Do you like them?

- Yes, …………………… .

- Would you like to try them on?

- …………………… .

- So, what do you think?

- ……………………?

- They're $39.95.

- OK, …………………… .

b. - ....?

- Yes, I would like a pair of tight jeans.

- ....

- I don't know, maybe blue or red.

- ....

- I'm a size 30.

- I've got these classic blue jeans here. ....?

- Well! I don't like those, they're too loose!

- ....?

- Yes, they're cool.

- ....?

- Sure, where are the dressing rooms?

- ....

(...)

- So, ...

- I really like them, thanks, they fit fine. How much are they?

- ....

- OK, I'll take them.

☐ *Vérifie la logique de tes dialogues en les jouant dans ta tête ou avec un(e) ami(e).*

Revision Time

OÙ RÉVISER CETTE SITUATION ?

	BOOK	CD-rom	WB
Pour relire et réécouter les textes	p. 126-127	plages 12-13-14	
Pour revoir les points de grammaire	p. 149-150		p. 43-44
Pour mémoriser les phrases modèles et le vocabulaire et améliorer ton intonation, ta prononciation et ton accentuation	p. 48	plage 15 lexique CD-rom	

Maintenant, apprends à t'auto-évaluer et prépare-toi au test grâce au *checkpoint* p. 122.

Book 3 Embark on an Australian adventure

▶ Audio tour

- Test your memory! Close your book and fill in the blanks on the map. Use a pencil.
- Then check your answers. Open your book p. 56-57-58 and add up your right answers. Total = ...
- Did you get fewer than 15 points? Rub out your answers and try again!
  Did you get more than 15 points? Well done! You can quiz your friends about Australia next lesson.

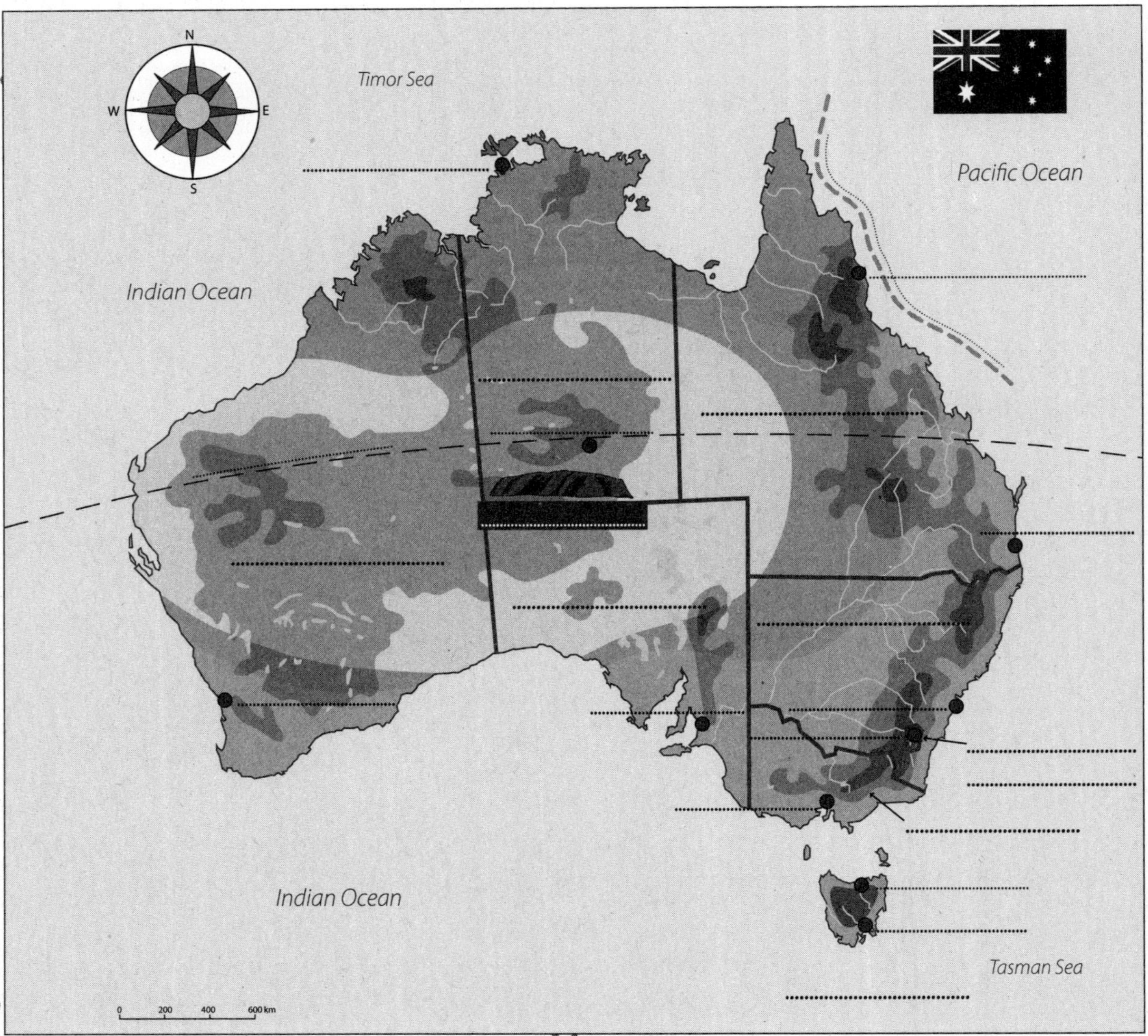

Hope you enjoyed the tour!

Situation 1

Preparation time

3. Practise your pronunciation

1. /ʃ/ et /tʃ/

a. Les mots suivants contiennent-ils le son /ʃ/ (comme dans le français « chat ») ou le son /tʃ/ (comme dans le français « Tchad ») ? Recopie-les dans le tableau au crayon à papier.

adventurous – French – national – much – ocean – Sean – sharks – species – beach – champion

/ʃ/	
/tʃ/	

b. Puis écoute-les et répète-les pour vérifier tes réponses. Corrige si besoin.

c. Observe les deux listes et entoure les réponses qui conviennent.

Le son /ʃ/ correspond le plus souvent aux lettres : ch – c – sh – s.

Le son /tʃ/ correspond le plus souvent aux lettres : ch – c – sh – s

Quel son peut correspondre à la lettre 't' ? /ʃ/ ? /tʃ/ ? les deux ?

2. /ɪ/ et /iː/

Tu sais reconnaître la différence entre le son bref de *it* et le son allongé de *eat*.
Écoute et répète bien ces deux mots de référence : *it* et *eat*.

a. Lis ces phrases avec ton voisin. Soulignez en bleu les mots qui contiennent le son de *it*, et en rouge ceux qui contiennent le son de *eat*.

I've ˈdriven to the ˈbeach.

This ˈspecies is ˈgreen. I've ˈseen it, it's ˈreally ˈbig.

I've ˈnever ˈbeen ˈswimming in the ˈsea in ˈwinter.

b. Maintenant écoutez et répétez l'enregistrement pour vérifier.
Puis entraînez-vous à répéter les phrases, de plus en plus vite, sans vous tromper de prononciation.

3. La prononciation des questions au *present perfect*

a. Écoute bien cette phrase prononcée à vitesse normale, et répète-la.

Have you ever eaten snails?

Complète les remarques suivantes ou barre les mots inutiles :
Have est prononcé **avec / sans** le son /h/ .
Have est **accentué / non accentué.**
La voyelle de *have* est le son /ə/ (neutre) / le son /æ/ (comme dans *cat*).
Donc ce qu'on entend de *have* c'est surtout : un /........../

You est **accentué / non accentué.**
La voyelle de *you* est le son /ə/ (neutre) / le son /uː/ (comme dans *school*).

Ever est accentué sur la **première / deuxième** syllabe.

Dans *eaten*, est-ce qu'on entend une voyelle entre le son /t/ et le son /n/ ? ....
....

b. Écoute et répète les trois questions de l'enregistrement, en réduisant bien tous les mots possibles dans le début de chaque question.

c. En respectant toujours bien les réductions, entraîne-toi à prononcer d'autres questions avec ton voisin, en partant de la fin, comme par exemple :

car? / a bumper car? / driven a bumper car? /
Have you ever driven a bumper car?

Continuez avec :

Have you ever driven a moped?
Have you ever driven a tractor?
Have you ever been scuba-diving?
Have you ever been tree-climbing?
Have you ever been bungee-jumping?

Pour finir, écoutez et répétez ces mêmes questions enregistrées.

4. Pair-work: "How adventurous are you?"

• Ask your partner the questions and tick his/her answers.

How adventurous are you?

HAVE YOU EVER...		Yes	No	WOULD YOU LIKE TO TRY? WOULD YOU DO IT AGAIN? Yes	No
a. ...eaten...	1. raw fish?	❑	❑	1. ❑	❑
	2. snails?	❑	❑	2. ❑	❑
	3. barbecued grasshoppers?	❑	❑	3. ❑	❑
b. ...driven...	1. a bumper car?	❑	❑	1. ❑	❑
	2. a moped?	❑	❑	2. ❑	❑
	3. a tractor?	❑	❑	3. ❑	❑
c. ...been...	1. scuba-diving?	❑	❑	1. ❑	❑
	2. tree climbing?	❑	❑	2. ❑	❑
	3. bungee-jumping?	❑	❑	3. ❑	❑
d. ...touched...	1. a worm?	❑	❑	1. ❑	❑
	2. a spider?	❑	❑	2. ❑	❑
	3. a snake?	❑	❑	3. ❑	❑

• Add up all the points and read the corresponding results:

Lines 1: 1 point for each Yes answer. ....

Lines 2: 2 points for each Yes answer. ....

Lines 3: 3 points for each Yes answer. ....

Total: ....

From 0 pt to 14 pts:

You are not the adventurous type, are you? You like to play it safe and you get scared easily. Well, suit yourself. There are plenty of other ways to show how brave you are.

From 15 pts to 30 pts:

You are quite brave and adventurous. You are ready to try new experiences but you don't want to put yourself in really unpleasant situations. Fair enough!

From 31 pts to 48 pts:

Wow! How bold! A real dare-devil! Nothing scares you and you are ready to try anything... if it's new! That can be fun... but don't go crazy!

Practice time

1. Practise reading an information leaflet.

- **Read the leaflet on page 55. Here are some strategies to be an efficient reader:**

- Use the pictures! They show you what the text says!
- Underline all the words you know, and all the words that look like French words.
- Spot the words composed of two or three words and guess their meaning. Read this example, then fill in the grid below.

The word...	is composed of...	I know... or I see... or I deduce...	So I can guess the word means...
sandboarding	sand + boarding	boarding = *comme dans* skateboarding, sand = *ce que je vois sur l'image : du sable, on est dans le désert et on parle de dunes* (sand dunes)	*faire de la planche sur du sable, sur les dunes*

The word...	is composed of...	I know... or I see... or I deduce...	So I can guess the word means...
Tree top walk			
Moon-like			
Sun screen			

- **Now, highlight what you need to understand in an information leaflet:**

- in blue, where each adventure takes place,
- in green, how long each adventure lasts,
- in pink, what you can do on each adventure.

- **Compare your answers with your classmates'.**

GO ON AN AUSTRALIAN ADVENTURE!

1 Surf camp for beginners (ref. n° 681)

New South Wales, Australia

You've never tried surfing the waves? Then, escape the city for a week at Australia's surf camp for beginners. On the New South Wales South Coast, admire the beauty of the Seven Mile Beach National Park and discover the thrill of surfing. Then at sunset, after a great day on the beach, enjoy a nice BBQ with your new friends!

2 Kuranda rainforest region tour (ref. n° 682)

Queensland, Australia

Why not go on a superb tour of the Kuranda Rainforest region? The two-day tour includes unforgettable experiences such as a crocodile adventure, a boat cruise and a ten-meter-high tree top walk through the rainforest.

3 Sports rafting full day adventure (ref. n° 683)

Victoria, Australia

Are you bold enough to embark on this challenging rafting adventure? Experience the thrill of navigating down the rapids! Your guide will show you all the techniques you need to know. Do as he says or you'll get very wet!

4 Pinnacles, koalas & sandboarding (ref. n° 684)

Western Australia, Australia

This fabulous one-day tour explores the world-famous Pinnacles Desert with its amazing moon-like landscape. This exciting day includes sandboarding on huge white sand dunes, viewing Australian native wildlife such as kangaroos, emus and koalas, and taking a four-wheel drive through the desert. Don't forget your sun screen or you'll get barbecued!

(For further information, please contact: Australian Experiences For Young People, 15 Collins Street, Melbourne, Victoria.
Tel: + 61 (0) 39 635 24 85 and indicate the reference number of the adventure you are interested in.)

2. Imagine you are a host family in Australia

• **Fill in the form for your guest:**

Australian Experiences For Young People.

RESERVATION FORM

Adventure References:

n°.......................... n°.......................... n°..........................

First Name: ....

Name: ....

Nationality: ....

Address: ....

State / Country: ....

Further information:

Have you ever been on an Australian Experience before?

....

If yes, when?

....

Have you ever tried:

❒ Surfing?

❒ Rafting?

❒ Tree top walking?

❒ Sandboarding?

Your personality (circle what describes you):

→ **I am:** a dare-devil / quite bold / easily scared

→ **I am interested in:** wildlife / safaris / thrilling challenges / new experiences / taking photos / meeting people my age / seeing exotic places

To be returned to:

Australian Experiences For Young People, 15 Collins Street, Melbourne, Victoria.
Tel: + 61 (0) 39 635 24 85.

A. E. F. Y. P.

3. Imagine *you* are the guest

- **Fill in the reservation form for yourself.**

Australian Experiences For Young People.

RESERVATION FORM

Adventure References:
n° .... n° .... n° ....

First Name: ....
Name: ....
Nationality: ....
Address: ....
State / Country: ....

Further information:
Have you ever been on an Australian Experience before?
....
If yes, when?
....

Have you ever tried:
- ❒ Surfing?
- ❒ Rafting?
- ❒ Tree top walking?
- ❒ Sandboarding?

Your personality (circle what describes you):
→ **I am:** a dare-devil / quite bold / easily scared
→ **I am interested in:** wildlife / safaris / thrilling challenges / new experiences / taking photos / meeting people my age / seeing exotic places

To be returned to:
Australian Experiences For Young People, 15 Collins Street, Melbourne, Victoria.
Tel: + 61 (0) 39 635 24 85.

A.E.F.Y.P.

Think about it!

1. Le *present perfect* (2)

→ Grammar book p. 150

a. I'm sure you<u>'ve seen</u> our swimming champions.
have

He lives in Darwin and he<u>'s</u> never <u>seen</u> a koala.
has

Observe les formes soulignées dans ces phrases puis complète :

Le *present perfect* = ... au **présent** + participe **passé** du ....

Le *present perfect* fait un lien entre le .... et le .... (comme on le voit dans sa construction) mais ce qui est important c'est le moment présent, le moment où on parle : on constate au moment présent que telle ou telle chose s'est produite (ou non), sans donner de date ou de repère temporel précisé.

b. Have you ever eaten raw fish? Yes, I have.

Have you ever been bungee-jumping? No, I haven't.

Dans ces questions, souligne *have* en rouge et le sujet en bleu. Puis souligne en vert les réponses brèves. Que remarques-tu?

Have est placé .... le sujet dans les questions au *present perfect*.

C'est logique, puisque dans le *present perfect*, *have* est un ....

C'est pour cela qu'on le retrouve aussi dans les ....

c. Comment forme-t-on le participe passé ?

• Pour les verbes réguliers, en ajoutant .... ou .... à la base verbale.

⚠ Le *–y* se transforme en *–i* quand il est précédé d'une consonne :

try → .... carry → ....

enjoy → ....

• Pour les verbes irréguliers, il faut les apprendre par cœur (liste p. 174-175 de ton livre).

⚠ I go to the sea every year. → **On utilise le verbe** ....

I've never been to the sea. → **On utilise le participe passé** ....
qui est celui de ....

2. *Never, ever, before, already*

→ **Grammar book p. 151**

a. Dans ces phrases, souligne les adverbes *ever, never, already* et *before*.

I've never been to a rainforest.

She's already tried rafting at home.

Have you ever driven a tractor? Yes, I've driven one before.

I've never been surfing before.

Les adverbes *never*, *already* et *ever* se placent devant le ....

L'adverbe *before* se place à la .... **de la phrase.**

b. *Ever* et *never*

Lequel des deux contient une négation ? ....

Lequel des deux s'utilise dans une question ? ....

Remarque : *"Have you ever seen a shark?"* peut se traduire en français par :
« As-tu jamais vu un requin ? » (langue soutenue) = « As-tu déjà vu un requin ? » (langue courante).

3. Le nom verbal

Grammar book p. 152

I'm interested in wildlife.
I'm interested in discovering Australia.

Pour parler d'activités, on peut ajouter la terminaison *–ing* à une base verbale. On crée alors un « nom verbal », qui pourra s'utiliser comme un nom :

- pour parler de ses goûts, après des verbes comme : .... / .... / ....

- pour parler de ses intérêts , avec des expressions comme :
I'm .... *in... / I'm* .... *of...*

- après des verbes comme *try* ou *start*, *stop*…
- après ces deux expressions souvent utilisées dans les courriers :
I'm looking forward to…
Thank you for...

Complète les phrases suivantes avec des noms verbaux :

I'm looking forward to ....
Why not try ....?
I'm fond of ....
Thank you for ....

4. *Some, a few, many, lots of, all*

Grammar book p. 152-153

Are you ready for <u>a few</u> surprises?
<u>Many</u> French people think there are koalas and kangaroos everywhere in Australia.
There are kangaroos everywhere in Australia: <u>some</u> are big, <u>some</u> are small…
There are <u>lots of</u> different species.
<u>All</u> Australians are great surfers.

Observe les mots soulignés dans les phrases ci-dessus. Ils permettent de parler de la quantité. Complète :

- Pour parler d'une quantité importante (beaucoup de), devant un nom au pluriel on peut utiliser .... ou ....
- Pour parler d'une quantité moyenne (quelques), devant un nom au pluriel on peut utiliser ....
- Quand la quantité est sans importance, indéterminée ou inconnue, on utilise ....
- Pour parler de tous les éléments d'un groupe on peut utiliser .... devant un nom au pluriel.

Rappel :

***There is / There isn't* est suivi d'un nom .... ou ....**

***There are / There aren't (any)* est suivi d'un nom ....**

Enjoy your skills

4. Now write a letter to your host family

• Go back to the letters in your book p. 63 and write down how to:

- start a letter:

....

....

....

- thank the host family:

....

....

....

- express impatience and excitement:

....

....

....

- end a letter:

....

....

....

• **Write the draft of your letter here. Then write it neatly on a clean sheet of paper to pin it up on the classroom wall.**

Your address	....
The date	....
Greetings	....
Give your thanks	....
Say which activities you have chosen and explain your choice by stating your likes, personality and experiences.	....
Express your feelings about coming	....
Greetings	....
Sign your letter	....

At home

	PREPARATION TIME	PRACTICE TIME
Pour revoir et ré-écouter les textes	1 - 2	8
Pour mémoriser le vocabulaire et les phrases	3	9 - 10
Pour s'entraîner à l'aide de conseils	4 - 5 - 6 - 7	11 - 12

1 Qui dit quoi ? Écoute la plage 17 de ton CD et relis p. 128 de ton livre, puis relie chaque réplique à la personne qui la dit.

a. I've never seen a koala round here. •
b. I go surfing almost every day after school and... •
c. I've never been to the sea... •
d. I've never been swimming in the sea in winter. •
e. Well, personally I have never been a rugby fan. •
f. I'm sure you have seen our swimming champions in the Olympics. •

• Craig
• Sean
• Luling
• Ellen
• Neil

2 Relis le poster p. 60 de ton livre et réécoute la plage 16 de ton CD. Voici six extraits de l'émission de radio. Quel cliché contredisent-ils ?

Extraits	Cliché n°
In our region there are more snakes, spiders and crocodiles than koalas.	....
I've never seen a shark, in the sea I mean...	....
I'm not exactly a surf champion!!!	....
It's way too cold!	....
I prefer Aussie rules football, that's typically Australian and very popular.	....

3 Retrouve dans le script de l'émission de radio p. 128 de ton livre les expressions anglaises pour dire :

a. Bien sûr que non ! ....

b. Je dois dire que... ....

c. On dit que... ....

d. Est-il vrai que... ....

e. Vous plaisantez ? ....

f. N'importe quoi ! ....

g. Laissez-moi vous dire que… ....

h. Il fait bien trop froid ! ....

i. Je ne dirais pas que… ....

4 **Complète ces phrases en conjuguant le verbe et en plaçant l'adverbe à la bonne place.**

Quelle forme verbale vas-tu choisir ? Lis attentivement les phrases, puis relis les n° 1 et 2 du Think about it! *p. 57-58 au besoin.*

a. Grace is a real champion! She .... two roller-skating competitions. (win / already)

b. My cat .... a tree! (climb up / never) He's not exactly a bold adventurer!

c. Derek and his sister are really lucky: they .... to the USA, Canada, Scotland and Australia!!! (be / already)

☐ *Vérifie les accords sujet-auxiliaire.*

5 **Es-tu d'accord avec ces clichés sur la France ? Réagis et explique ta réaction en parlant de tes expériences personnelles ou de celles de ton entourage (amis, famille).**

- Cherche une expression pour réagir. Tu en trouveras dans le script de l'émission p. 128 de ton livre.
- À quelle forme mets-tu le verbe pour parler de ce que tu as déjà fait ou pas ?

a. All French people wear berets.

....
....
....

b. All French people eat frogs.

....
....
....

c. All French people know Paris.

....
....
....

☐ *As-tu utilisé* have *conjugué au présent + le verbe au participe passé pour parler de ce que tu as déjà fait ou pas ?*
☐ *As-tu placé l'adverbe, quand il y en a un, avant le verbe ?*
☐ *As-tu vérifié si le verbe est irrégulier, p. 174-175 de ton livre ?*

6 **Complète ces questions en conjuguant le verbe et en plaçant l'adverbe à la bonne place.**

a. .... you .... to Australia? (be /ever)
- No, never! But I'd soooo love to!

b. .... you .... a motorbike? (drive / ever)
- Yes! I've driven my big brother's motorbike once... in the garden!

c. .... Sue .... Ayers Rock? (see / ever)
- Of course, she has! She lives in Alice Springs.

d. .... Diana and her sister ....
London? (visit / ever)
- No, they haven't but they'd love to!

7 **Aventurier ou pas ?**
Récapitule en un paragraphe les réponses de Kenneth, jeune Australien, à cette enquête. Tu peux conclure par une phrase sur son côté aventurier ou pas.

- *Place les adverbes* already *et* never *avant le verbe.*
- *Pour conclure, inspire-toi des résultats du* Personality Quiz *p. 53 ci-dessus.*

Kenneth's answers:

Have you ever...		**Would you like to try? Would you like to do it again?**
been rock climbing?	Yes ☑ No ☐	Yes ☑ No ☐
eaten snake meat?	Yes ☑ No ☐	Yes ☐ No ☑
ridden a camel?	Yes ☐ No ☑	Yes ☑ No ☐

Kenneth has .... been rock climbing and he ....

....

....

....

....

....

8 **Relis le document p. 62 de ton livre et réécoute-le plage 18 de ton CD puis reconstitue les phrases.**

a. Then at sunset, after a great day on the beach,...	[...]	**1.** ...the world-famous Pinnacles Desert...
b. Why not go on...	[...]	**2.** ...embark on this challenging rafting adventure?
c. Are you bold enough to...	[...]	**3.** ...all the techniques you need to know.
d. Your guide will show you...	[...]	**4.** ...enjoy a nice BBQ with your new friends!
e. This fabulous one-day tour explores...	[...]	**5.** ...a superb tour of the Kuranda Rainforest region?

9 **Retrouve dans le document p. 62 de ton livre la traduction des expressions suivantes :**

- Fuir la ville : ....
- Découvrir les sensations du surf : ....
- Partir pour une superbe excursion : ....
- L'excursion de deux jours comprend... : ....
- Êtes-vous assez téméraire pour... : ....
- Vivez les sensations de... : ....
- Des animaux sauvages australiens tels que... : ....

10 **Retrouve de mémoire des adjectifs très positifs pour qualifier des lieux, des expériences et des aventures exceptionnelles. Puis, enrichis ta liste en relisant le document et les lettres p. 62 et 63 de ton livre.**

Places	*Adventure / experience / tour*	Ajouts après relecture
....	....	....
....	....	....
....	....	....
....	....	....
....	....	....
....	....	....

11 **Traduis ces phrases en utilisant :**
- I'm interested in... + V-ing noun
– I'm fond of... + V-ing noun
– I enjoy + V-ing

Aide-toi des lettres p. 63 de ton livre.

a. J'aime beaucoup partir pour de nouvelles aventures.

....

b. J'adore marcher dans la forêt tropicale.

....

c. Les animaux sauvages m'intéressent.

....

12 **Réponds à cette enquête sur les activités sportives et touristiques des jeunes. Justifie tes réponses (goûts, opinions).**

- Prépare le vocabulaire dont tu auras besoin à l'aide des New words *p. 64 et du lexique.*
- Relis avec soin les lettres p. 63 pour t'aider.

Ce que j'ai déjà fait et que j'aime.	....
Ce que je n'ai jamais fait et que j'aimerais essayer.	....
Ce que je n'ai jamais fait mais qui ne m'intéresse pas.	....

Revision Time

	Où réviser cette situation ? BOOK	CD-rom	WB
Pour relire et réécouter les textes	p. 60-128-62-63	plages 16-17-18-19	
Pour revoir les points de grammaire	p. 150-153		p. 57-60
Pour mémoriser les phrases modèles et le vocabulaire et améliorer ton intonation, ta prononciation et ton accentuation	p. 64	plage 20 lexique enregistré	

Maintenant, apprends à t'auto-évaluer et prépare-toi au test grâce au *checkpoint* p. 125.

Preparation time

3. Practise your pronunciation

1. Varier l'intonation pour exprimer son humeur

À l'oral, on peut utiliser l'intonation pour exprimer son humeur et nuancer le ton de ce que l'on dit, par exemple en exprimant la mauvaise humeur, la colère, le sarcasme, la satisfaction. Parfois on ne peut comprendre le véritable sens d'une phrase que grâce à son intonation.

Écoute les phrases suivantes. Tu vas les entendre deux fois, prononcées avec deux intonations différentes. Note le numéro de chaque phrase après le ton auquel elle correspond.

Can't Bill do it?	grumpy:	angry: ....
You're such a great help!	sarcastic:	satisfied: ....
I heard that!	grumpy:	angry: ....
This looks fantastic!	sarcastic:	satisfied: ....
Go and look for them!	grumpy:	angry: ....
So we're ready to go now!	sarcastic:	satisfied: ....

2. L'accentuation des noms composés

a. Les noms composés sont, comme leur nom l'indique, des noms composés de deux mots, par exemple *sleeping* + *bag* = *sleeping bag.*

Quand ils sont prononcés séparément, chaque mot comporte un accent. Mais que se passe-t-il dans le cas d'un nom composé ?

Écoute attentivement l'enregistrement, qui comporte des mots d'abord prononcés isolément, puis dans un mot composé. Complète ensuite la règle en rayant les propositions fausses.

Dans un nom composé en anglais, il y a un seul accent / un accent par mot.

Le premier est plus fort / le deuxième est plus fort / les deux sont aussi forts.

On dit qu'il y a un accent primaire (noté ') et un accent secondaire (noté ˌ).

b. Maintenant entraîne-toi à prononcer ces mots composés avec ton voisin.

Les accents sont notés pour vous aider.

'Car ˌtyres	'Hiking ˌshoes	'Insect reˌpellent
'Video ˌcamera	'Fishing ˌrods	'Road ˌmaps

Écoutez ensuite l'enregistrement pour vérifier votre accentuation.

4. Pair-work: Stressed out!

- **You are pupil A: read checklist A and tick what you've done. (Use a pencil)**
- **You are pupil B: read checklist B and tick what you've done. (Use a pencil)**

Checklist A:

Things to clean		Things to check		Things to buy	
Tent	☐	Car tyres	☐	Sunscreen	☐
Barbecue	☐	Video camera and batteries	☐	Binoculars	☐

Checklist B:

Things to clean		Things to check		Things to buy	
Cooler	☐	Fishing rods	☐	Insect repellent	☐
Hiking shoes	☐	Bikes	☐	Road maps	☐

- **Ask and answer questions in turns. Tick what your partner has done in checklist A or B. Then, react.**

E.g.:

Pupil A: "Have you cleaned the hiking shoes?"

Pupil B: "Not yet."

Pupil A: "Come on! Get on with it!"

Think about it!

1. Le *present perfect* avec *yet*

→ Grammar book p. 154

Compare ces phrases et conclus : à quoi sert le mot *yet* ?

Have you packed your things? No, I haven't. / Not yet.

I haven't taken her to Mrs Wilson's. / I haven't taken her to Mrs Wilson's yet.

Haven't you taken her to Mrs Wilson's? I can't believe it!

Haven't you taken her to Mrs Wilson's yet? I can't believe it!

....

Où se place *yet* ? ....

2. *Should*

→ Grammar book p. 154

You should have a satellite phone in the bush.
You shouldn't pester koalas.

Dans ces phrases, en utilisant *should* ou *shouldn't*, la personne qui parle exprime son opinion personnelle en donnant un ....

Dans la forme négative, *not (n't)* est placé directement sur *should*. *Should* est donc un .... On emploie la même forme à toutes les personnes. Le verbe qui suit *should* est une ....

Dans *should*, on ne prononce pas la lettre *l*. La voyelle est celle du mot *put*. Should = /ʃud/.

3. *Could*

→ Grammar book p. 155

Dingoes can be dangerous.
You haven't put out the fire. We could have a bushfire in no time!
Human food could make animals sick.

Dans ces phrases, la personne qui parle exprime son opinion personnelle et parle d'une ....

Avec .... elle est plus faible que avec .... , on est dans le domaine de l'hypothèse. On dit que l'on sait que quelque chose est possible (ou impossible) en se fondant sur les caractéristiques de ce dont on parle (ici, sur ses connaissances des animaux et des effets de la nourriture humaine).

Comme *can*, et comme *should*, *could* est un .... On emploie la même forme à toutes les personnes, et il est suivi d'une ....

4. *May*

→ Grammar book p. 155

Leaves and twigs may catch fire.
It's bleeding, it may die now.
Wild animals may come by and you may get injured.

Dans ces phrases, la personne qui parle exprime son opinion personnelle et parle d'une éventualité, c'est-à-dire une possibilité encore plus faible qu'avec *could*. Avec *may*, on dit qu'il y a autant de chances qu'un événement se réalise qu'il ne se réalise pas.

Comme *can*, *could* et *should*, *may* est un .... On emploie la même forme à toutes les personnes, et il est suivi d'une ....

5. Les modaux

Grammar book p. 156

(1) I can swim.
(2) I will call her this afternoon.
(3) We could have a bushfire.
(4) Wild animals may come by.
(5) You must wear your seatbelt.
(6) You should have a satellite phone.
(7) I would like to visit Australia.

Tu connais maintenant plusieurs auxiliaires qui permettent à la personne qui parle d'exprimer une opinion personnelle sur un sujet, par exemple :

- en donnant un conseil, avec .... phrase n° ......
- en imposant une obligation, avec .... phrase n° ......
- en parlant d'une capacité, avec .... phrase n° ......
- en exprimant un souhait, avec .... phrase n° ......

ou sur un événement, par exemple :

- en disant qu'il est possible qu'il se réalise, avec .... phrase n° ......
- en disant qu'il est éventuel qu'il se réalise, avec .... phrase n° ......
- en faisant une prédiction pour l'avenir, avec .... phrase n° ......

On appelle tous ces auxiliaires des modaux, ou des auxiliaires de modalité.

6. *Everyone, everywhere ...*

Grammar book p. 156

a. Tu connais les pronoms composés de *some* et *any*, pour parler d'une chose indéterminée (avec *thing*), d'une personne indéterminée (avec *one*) ou d'un endroit indéterminé (avec *where*), par exemple :

Maybe he did **something** wrong.
Has **anyone** seen the cat?
Can you see it **anywhere**?

b. Observe ces phrases et complète :

Can you imagine if **everyone** picked flowers?
I have looked **everywhere**.
Have you packed **everything**?

On peut aussi former des pronoms composés de ....
avec .... on parle de toute personne (c'est-à-dire tout le monde),
avec .... on parle de tout endroit (c'est-à-dire partout) et
avec .... de toute chose (c'est-à-dire de tout).

Enjoy your skills

1. Take the written test.

THE PERFECT-BEACH-GOER TEST

Name: .... **Nationality:** ....

Age: .... **First Time in Australia?** Yes ☐ No ☐

MULTIPLE CHOICE QUESTIONNAIRE:
For each situation, tick the correct reaction. To pass, you need to get ALL the answers right.

a) You've just had a splendid BBQ. Now, you are on the beach.
☐ I think I should wait before going swimming.
☐ That was delicious! Now let's go swimming.

b) They've raised the red and white flag on the beach.
☐ I'm swimming between the flags, so it's okay.
☐ I should get out of the water. It may be dangerous.

c) None of your friends want to go swimming right now.
☐ Never mind! I'll go by myself. I don't need them.
☐ Never mind! We'll go swimming together later on.

d) You've just arrived on the beach and you're going surfing.
☐ The surf looks great today, but let's check the signs.
☐ The surf looks great today. Let's go.

e) You've swum too far and you feel quite tired.
☐ I should float and put up my arm for help.
☐ I should keep on swimming. I'm a good swimmer.

f) What about swimming at night?
☐ Wow! That's great fun!
☐ I shouldn't go, it may be risky.

g) Three o'clock. You've just had a nice swim. Now you'd like to lie down on the sand.
☐ Where's my sunscreen?
☐ I put some sunscreen on this morning. It's okay.

h) Today, there are signs on the beach.
☐ We should go for a swim first. We'll go and look at the signs afterwards.
☐ We should really check the signs first.

PASS ☐ Congratulations. You've passed your written test!
FAIL ☐ You need to read the lifesavers' documents again.

At home

	PREPARATION TIME	PRACTICE TIME
Pour revoir ou réécouter les textes	1 - 2	9
Pour mémoriser le vocabulaire et les phrases	3 - 4	10 - 11
Pour s'entraîner à l'aide de conseils	5 - 6 - 7 - 8	12 - 13 - 14 - 15

1 **Relis et réécoute les dialogues p. 129-130 de ton livre et plage 21 de ton CD. Puis remets le bon prénom au début de chaque phrase. (Kate / Bill / Ginny / Chuck)**

a. .... hasn't forgotten to buy the insect repellent.
b. .... has forgotten to put the sleeping bag in the dryer.
c. .... hasn't put the cooler in the car.
d. .... can't find her backpack anymore.
e. .... has cleaned the hiking boots.
f. .... can't find his jacket.
g. .... hasn't taken the cat to Mrs Wilson's yet.
h. .... can't find all the maps.

2 **Relis et réécoute les dialogues p. 129-130 de ton livre et plage 21 de ton CD. Retrouve la traduction des expressions suivantes :**

a. Super ! ....
b. Oh ! Je laisse tomber ! ....
c. Ça, c'est le bouquet ! ....
d. Fiche-moi la paix ! ....
e. S'il te plaît, remue-toi ! ....
f. Oh, c'est pas vrai ! ....

3 **Écris le sentiment correspondant à chaque illustration. Puis vérifie, livre p. 70.**

a.

b.

c.

d.

e.

f.

a. .... **b.** .... **c.** ....
d. .... **e.** .... **f.** ....

4 **Retrouve de mémoire ces verbes et leur participe passé. Puis vérifie dans les dialogues p. 129-130 de ton livre et dans ta liste de verbes irréguliers, p. 174-175 de ton livre.**

Français	Base verbale	Participe passé
Laver	....	....
Nettoyer	....	....
Piquer / Dérober	....	....
Oublier	....	....
Mettre	....	....
Prendre / Emmener (chez)	.... (to...)	....
Voir	....	....
Perdre	....	....

5 **Fred et Tina ont passé le week-end seuls chez eux. Dimanche soir, les parents rentrent. Complète ce que disent les deux jeunes.**

À quelle forme conjuguer le verbe pour faire le bilan de ce qui est fait ? Si tu hésites, révise le n° 1 du Think about it! *p. 57-58.*

Fred: Look Dad! I .... (clean / garage)

Tina: And we .... to walk the dog! (not forget)

Fred: And, you won't believe it! Tina .... cookies for us. (bake)

Tina: Help yourselves!

☐ *As-tu accordé* have *avec le sujet ?*
☐ *As-tu vérifié les verbes irréguliers p. 174-175 de ton livre ?*

6 **Mr Green a donné une liste de choses à Derek et Jane car il doit travailler ce samedi. À 15 heures, il appelle de son travail pour vérifier ce qu'ils ont fait. C'est Jane qui lui répond. Écris les questions du père et complète les réponses de Jane.**

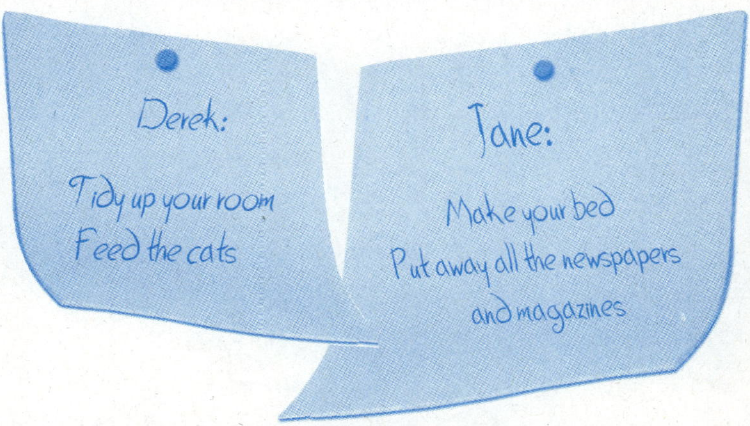

Relis le n° 1 du Think about it! *p. 68 au besoin.*

Mr Green: .... you ....

Jane: Yes, ...

Mr Green: .... Derek ....

Jane: No, ...

Mr Green: .... he ....

Jane: Yes, ...

Mr Green: .... you ....

Jane: No, ...

Mr Green: Oh, really! Get on with it!

☐ *Vérifie les accords des auxiliaires et des adjectifs possessifs avec le sujet.*
☐ *Vérifie la ponctuation.*

7 Complète les phrases en choisissant le mot qui convient dans la liste suivante :

something / anything / everything
someone / anyone /everyone
somewhere / anywhere / everywhere

a. Has .... seen my English book? I've looked .... and I can't find it.

b. Come on! .... knows that koalas live in Australia!

c. I've done the shopping and I've put .... in the fridge.

d. I haven't brought .... back from Australia.

e. .... has pinched my pen!

☐ *Vérifie en relisant le n° 6 du* Think about it! *p. 70.*

8 Regarde l'illustration de la chambre d'Adrian.
Il est presque prêt à partir en vacances, mais pas tout à fait. Dis ce qu'il a déjà fait, ou pas encore, en utilisant les verbes : *buy - clean - pack - forget* et les adverbes *already* et *yet*.

....

....

....

....

....

....

....

9 Relis et réécoute les documents et le discours du *ranger* p. 72, 73 et 130 de ton livre et plages 22-23 de ton CD. Retrouve les phrases à propos de :

- Deux choses à emporter avec soi dans le bush :

....

....

- Deux conseils concernant les feux de camp :

....

....

- Deux choses à ne pas faire par respect pour les animaux sauvages :

....

....

- Deux choses à ne pas faire par respect pour les plantes :

....

....

10 Remplis ces tableaux en t'aidant des documents et du script p. 72, 73 et 130 de ton livre.

Champ lexical du feu :

Nouns	Traduction	*Verbs*	Traduction
fire	feu	....	faire un feu
....	feu de brousse	....	éteindre un feu
....	feu de camp	....	prendre feu

Champ lexical de la sécurité :

Nouns	Traduction	*Verbs*	Traduction
safety	sécurité	....	s'assurer que
....	trousse de secours	....	vérifier
....	urgence	....	alerter

11 Traduis ces couples de contraires, puis vérifie en relisant les documents p. 72-73 de ton livre.

- ranger ≠ laisser traîner

.... ≠ ....

- s'approcher de ≠ rester à bonne distance de

.... ≠ ....

- apporter ≠ emporter

.... ≠ ....

- respecter ≠ faire du mal à

.... ≠ ....

12 Mets le verbe à la forme qui convient dans ces phrases.

En cas de doute, relis les n° 2 - 3 - 4 du Think about it! *p. 69.*

a. Campers should .... no trace when they go. (leave)

b. People shouldn't .... wildlife. (pester)

c. Don't cuddle koalas: you may .... scratched. (get)

d. Human food is bad for wild animals: it could .... them sick. (make)

13 Transforme ces panneaux en recommandations pour les randonneurs avec *should* ou *shouldn't*.

Sers-toi de ton lexique p. 176-191 au besoin.

a. 

b. 
c. 
d. 

a. ....

b. ....

c. ....

d. ....

☐ *Encadre le verbe qui suit l'auxiliaire modal et vérifie qu'il est bien une base verbale.*

14 Justifie tes recommandations de l'exercice 13 en expliquant ce qui pourrait arriver à l'aide des éléments fournis.

Prends pour modèle les phrases avec may *et* could *dans les documents et le script du* ranger *p. 72, 73 et 130 de ton livre.*

a. (dry leaves / catch fire) ....

....

b. (crocodile / attack) ....

....

c. (you / need some help) ....

....

d. (you / die in the bush) ....

....

☐ *As-tu respecté : modal + BV ?*

15 **Tu es un *ranger* et tu arrives par hasard sur un campement. Tu n'es pas content : les campeurs sont irrespectueux et très imprudents. Que leur dis-tu ?**

Mobilise tout le vocabulaire utile et réfléchis aux formes verbales pour :
- constater ce qu'ils ont fait ;
- leur rappeler les règles du camping dans le bush ;
- justifier tes remarques ;
- exprimer ton mécontentement ;
Sers-toi du discours du ranger p. 130 de ton livre comme modèle.

....

....

....

....

....

....

☐ *Vérifie que tu as utilisé :*

- have *au présent + participe passé du verbe (le* present perfect*) pour faire les constats ;*
- should / shouldn't + *BV pour donner des conseils ;*
- may / could + *BV pour dire ce qui pourrait arriver.*

Revision Time

	OÙ RÉVISER CETTE SITUATION ?		
	BOOK	CD-rom	WB
Pour relire et réécouter les textes	p. 129-72-73-130	plages 21-22-23	
Pour revoir les points de grammaire	p. 154-156		p. 68-69-70
Pour mémoriser les phrases modèles et le vocabulaire et pour améliorer ton intonation, ta prononciation et ton accentuation	p. 74	plage 24 lexique enregistré	

Maintenant, apprends à t'auto-évaluer et prépare-toi au test grâce au *checkpoint* p. 128.

Preparation time

2. Read and react

- **For each circled passage, spot the corresponding detail in the pictures, then draw a circle round it.**
- **For each boxed passage, spot the corresponding detail in the pictures, then draw a box round it.**

①

②

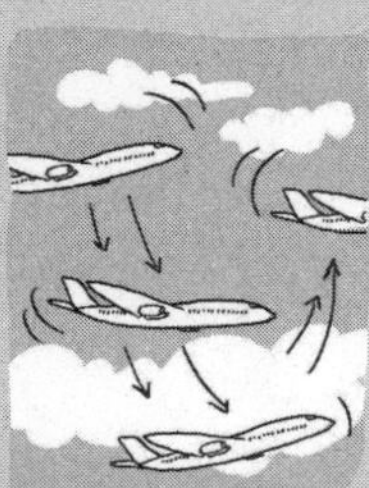
③

④

I was washing my hands in the loo when the steward asked all the passengers to go back to their seats. The plane was going up and down, a bit like a roller coaster! It was dinner time and some people were already turning green!!! I was walking down the aisle when the plane dipped down and I completely lost my balance. I fell back and landed... on an old lady's dinner tray! When I realized I was sitting on her "pasta bolognese" I turned bright red. I was a right mess and ... everybody was laughing around me, even the old lady.

⑤

⑥

⑦

⑧

• **Fill in the blanks with a word or phrase from Carroll's blog (from line 9 to 17).**

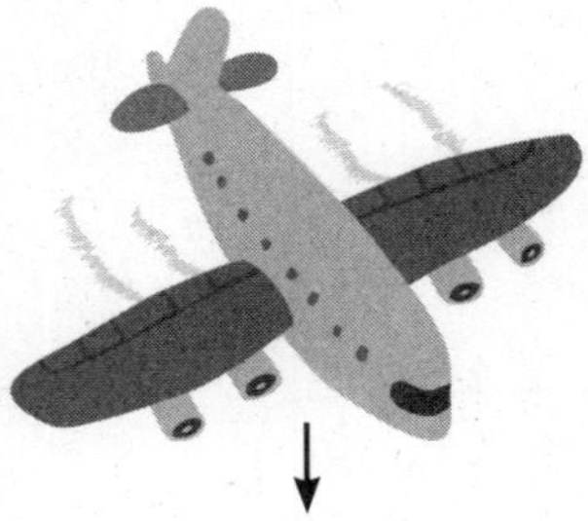

a. ....(n.) **b.** ....(v.)

c. J'ai perdu l'équilibre = ...

d. ....(v.) **e.** ....(n.)

f. Je me suis rendu compte = ...

g. J'étais dans un état ! = ...

3. Practise your pronunciation

L'intonation dans les récits longs

Lorsque l'on raconte une histoire un peu longue, il faut bien gérer le rythme pour rester clair et audible jusqu'à la fin de son histoire, et utiliser l'intonation pour soutenir l'attention de son auditoire..

a. Écoute l'histoire ci-dessous, que tu vas t'entraîner à raconter toi-même.

One day, I was having a picnic with some friends, we were on a beach, and it was very hot and really sunny, but I wasn't wearing a hat, and I didn't drink enough water, and so suddenly I felt totally dizzy, I mean, I felt really bad! My friends had to take me to a doctor's, you know, they were really worried! When I felt better, I was so embarrassed….

- Écoute bien la façon dont les éléments de l'histoire s'enchaînent. À chaque virgule, l'intonation monte-t-elle ou descend-elle ? ....
- Surligne les mots qui sont le plus accentués, les mots-clés de l'histoire.
- Entoure les sons voyelles qui sont allongés pour exprimer une exagération.

- Souligne les mots qui permettent d'enchaîner les idées ou les événements les uns aux autres, et les expressions qui sont utilisées pour aider l'auditoire à suivre.

b. Maintenant, tu vas fermer ton *workbook*. Ton professeur va noter les mots-clés de l'histoire ci-dessus au tableau. Avec ton voisin, entraîne-toi à la raconter en respectant les caractéristiques que tu viens d'observer.

4. What strange, scary or stupid thing happened to you in Australia?

- **Make up your story: imagine what happened and your reaction. If you need help, have a look below.**

a crocodile

an emu

a wallaby

a koala

a shark

a kookaburra

a snake

a spider

a whistle

a big bang

a laugh

a flag

a ranger

a lifesaver

an Australian boy

an Australian girl

a tourist

Practice time

1. Reading blogs in English... Not so easy!

Guess the meanings of the words you don't know.

a. Read this example: "grabbed".

1. Does it look like a French word ? ☐ Yes ☒ No
2. No prefix / No suffix
3. In the sentence, it is a: *vb.* ☒ *(infinitive = grab)*
4. Look for "clues" before or after the word in the text.
   before: *duty-free shop / last call for my flight*
   after: *my bags / ran like mad*
5. Use your logic and your life experience.
   Lionel est dans un magasin, il fait des achats quand soudain il entend que son avion va partir ; donc il panique et se précipite, je pense qu'il « attrape » ses sacs de courses et court. "Grab" veut sans doute dire « attraper ».

b. Now it's your turn! Pick a word you don't know and proceed step by step.

1. Does it look like a French word? ☐ Yes ☐ No
2. Has it got ☐ a prefix? .... + ...
   ☐ a suffix? .... + ...
3. In the sentence , is it a: ☐ vb.(infinitive = ...)
   ☐ n. (singular: ....)
   ☐ adj.
   ☐ adv.
   .... ?
4. Look for "clues" before or after the word in the text.
5. Use your logic and your life experience.

c. If you can't guess... use a bilingual dictionary!

1. First, put the verbs in the infinitive and the nouns in the singular.
   E.g.: dangled / jaws
   - infinitive of "dangled" = dangle
   - singular of "jaws" = jaw
2. Look for: a noun for a noun; a verb for a verb; etc.

3. Choose the meaning that corresponds to the situation in the text.

E.g. : Dangle ☐ 1 *vi* *pendiller*
☑ 2 *vt* *balancer (un objet, ses jambes,...)*

Jaw ☑ (a) *mâchoire*
☐ (b) *entrée, bouche (d'une vallée, d'une grotte)*

d. Don't get lost in long sentences!

Link the pronouns to the nouns they refer to.

E.g.: Well, let's start with *Cairns* where I met Fran, an Irish girl.

The next day we went to a Koala Sanctuary **where** we had one of our funniest experiences - we met Elise, a pet koala **who** loved cuddles! The guide, **who** *wasn't* the son of the famous Crocodile Dundee - **he** only had the same hat and boots...- dangled huge pieces of meat on a long stick and the crocs jumped out of the water to get **them**!

2. What makes a blog a hit?

a. Highlight in the text below everything that you can't find in the first version page 82 of your book.

- In green the sentences where Lionel speaks to *YOU*: his readers.
- In red the words and sentences that express his reactions and feelings, his personal point of view.
- In blue all the adjectives Lionel uses.
- In yellow the words and sentences that add details about the people, animals, actions and circumstances...

The next day we went to a Koala Sanctuary where we had one of our funniest experiences - we met Elise, a pet koala who loved cuddles! Now, Fran was hugging Elise and calling her *"sweet darling Elise"* in the most ridiculous way, when Elise decided to poo! I cracked up, and took photos!!! I was so happy *"sweet darling Elise"* didn't do that when *I* was cuddling her!

"Okay that's fun but where are the scary bits?" you're probably wondering. Well, here they come: In Kakadu National Park, we went on the Jumping Crocodile Cruise on the river. We were a bit nervous at first, but the boat was big and looked very secure... Then the driver arrived: *"Good news, guys. You're a small group today so we'll go out on the small boat". (Oh nooooo!).* The guide – *who wasn't* the son of the famous Crocodile Dundee, he only had the same hat and boots... – dangled huge pieces of meat on a long stick and the crocs jumped out of the water to get them! Can you imagine? Me, sitting in this tiny boat, with these huge creatures snapping their powerful jaws right under my nose!!! I was so scared I forgot to take any pictures !! *(but I can draw!)*

b. Now, turn a plain story into a catchy one.

Work in pairs or with your class.

> Dennis and I went camping in the bush. One afternoon, we left the camp for a walk in the bush. It was hot so we decided to stop. We drank some water and started eating our apples and cookies. A baby emu came by, so we gave it some cookies. But then its mother arrived and then a third emu... Finally there were twenty emus around us. They looked interested in our apples and cookies! One emu came up very close to Dennis. He panicked. I took photos of him: an emu was running after him.

- Cut the story into paragraphs; you can indicate them with / in the text.
- Look at all the colours you put in Lionel's blog and decide what you want to add: reactions, feelings, details about people or animals, actions, circumstances, adjectives...
- Re-write the story with your corrections and add illustrations or photos to make it nice and more interesting.

Think about it!

1. Le prétérit simple (2)

→ Grammar book p. 157

a. Souligne les verbes au prétérit dans les phrases ci-dessous.

The plane dipped down and I completely lost my balance. I fell back and landed… on an old lady's dinner tray.

On forme le prétérit des verbes réguliers en ajoutant la terminaison .... à leur base verbale. Note les deux exemples de la phrase ci-dessus :

.... et ....

Si l'infinitif se termine par un *–e*, on ajoute seulement *–d* : love → ....
Si l'infinitif se termine par une consonne suivie d'un *–y*, on transforme le *–y* en *–i* et on ajoute *–ed* : *study* → ....

On double la consonne quand le verbe comporte 1 syllabe terminée d'1 consonne elle-même précédée d'1 voyelle (règle des trois 1) : *dip* → ....

Pour le prétérit des verbes irréguliers, pas de règle : il faut les apprendre par cœur !
Note les deux exemples de la phrase ci-dessus : ....
et ....

b. On dit que le prétérit est un temps simple parce qu'il est construit sans .... dans les phrases affirmatives. Dans les négations, les questions et les réponses brèves, en revanche, on a besoin d'un ...., donc on utilise .... Complète les phrases suivantes :

No, I .... get lost in the bush.

.... you have fun? Yes, we ...., it was really cool!

Dans la question, souligne le verbe. Est-ce qu'il est conjugué au prétérit ? .... C'est logique, puisque c'est .... qui porte la marque du prétérit dans la phrase. Il n'y a qu'une marque de temps par proposition !

c. Le prétérit est un temps qui permet de parler d'événements qui ont eu lieu à un moment précisé du .... et qui sont totalement coupés du ....

Avec le prétérit simple, ce qui est important c'est l'information elle-même, au passé. Par exemple, on l'emploie dans un blog quand on raconte des actions passées.

2. Le prétérit *be-ing* (1)

→ Grammar book p. 157

a. Dans les phrases suivantes, souligne *be* et souligne *–ing*.

Some people were turning green.
I was walking down the aisle when the plane dipped down.
I was sitting in her pasta bolognese!

Le prétérit *be –ing*, c'est .... conjugué au .... + la base verbale du verbe suivie de la terminaison ....

Puisque *be* est un ...., c'est lui qui s'accorde avec le sujet (deux formes au prétérit, ... ou ....), qui porte la négation (au prétérit, ... ou ....), qui passe devant le sujet pour poser les questions, et qui sert à former les réponses brèves.

⚠ - Quand l'infinitif du verbe se termine par un –*e* on le supprime avant d'ajouter –*ing* : *make* → ....

- On double la consonne quand le verbe se compose d'1 syllabe terminée par 1 consonne elle-même précédée d'1 voyelle (règle des trois 1) : *sit* → ....

b. On emploie le prétérit *be –ing* quand ce n'est pas l'information elle-même (*turn green / walk down / sit*) qui est le plus important, mais quand il y a une autre raison d'en parler, comme par exemple :

- justifier à quel point le vol était agité en disant que les gens verdissaient,
- expliquer dans quelle situation on se trouvait quand quelque chose s'est passé,
- signaler une chose particulièrement intéressante ou étonnante qui justifie, par exemple, un sentiment ou une réaction : le fait de se retrouver dans l'assiette d'une passagère explique les éclats de rire des autres passagers et la gêne de Carroll !

Retrouve dans le blog de Caroll les exemples correspondant aux points ci-dessus. Lis-les à tes camarades.

3. *Who, when* et *where* dans les phrases complexes

→ Grammar book p. 158

a. Pour éviter des répétitions et former des phrases complexes, on peut utiliser *who, when* ou *where* pour relier deux phrases indépendantes :

[We went to a Koala sanctuary.] + [We had one of our funniest experiences at the Koala Sanctuary.]
→ We went to a Koala sanctuary **where** we had one of our funniest experiences.

[We met Elise, a pet koala.] + [Elise, a pet koala, loved cuddles.]
→ We met Elise, a pet koala, **who** loved cuddles.

[Fran was hugging Elise.] + [Elise decided to poo!]
→ Fran was hugging Elise **when** Elise decided to poo!

On utilise le pronom .... pour remplacer un groupe nominal qui fait référence à des humains ou des animaux familiers considérés comme des humains.

On utilise le pronom .... pour remplacer un groupe nominal qui fait référence à un lieu.

On utilise .... pour introduire un complément de temps.

b. Observe à nouveau les phrases complexes ci-dessus.

Dans la première, à quels mots de la première proposition *where* fait-il référence ?

À .... C'est un pronom relatif : il lie deux propositions qui ont des mots en commun.

Dans la deuxième, à quels mots de la première proposition *who* fait-il référence ?
À .... C'est un pronom relatif : il lie deux propositions qui ont des mots en commun.

Dans la troisième, est-ce que *when* fait référence à des mots de la première proposition ? .... C'est une conjonction : il introduit un élément qu'on ajoute à une phrase, un complément de temps.

4. Les exclamatives

→ Grammar book p. 159

a. Lis ces phrases :

Mason is so funny!
This building is so impressive!
I've never felt so stupid in my entire life!

Tu connais déjà une façon de t'exclamer : .... + ...

b. Voici deux autres manières de former des exclamatives :

What an amazing experience!
I know, I'm such a great friend!

Encadre *what* et *such*, puis souligne le groupe nominal qui les suit immédiatement.

Pour former des exclamatives, on peut utiliser .... ou .... devant un groupe nominal = *a / an* + (adjectif) + nom .

Sauras-tu mettre ces deux exclamatives au pluriel ? Souviens-toi que *a / an* = un(e).

What .... experiences!
They're such .... friends!

At home

	Preparation time	Practice time
Pour revoir et réécouter les textes	1	5
Pour mémoriser le vocabulaire et les phrases	2 - 3	6 - 7
Pour s'entraîner à l'aide de conseils	4	8 - 9 - 10

1 Toutes ces phrases ont perdu leurs verbes. Relis et réécoute le blog de Carroll p. 80 de ton livre et plage 25 de ton CD et écris les verbes dans les phrases.

I .... every second of my trip to Australia!

I .... my hands in the loo when the steward .... all the passengers to go back to their seats.

I .... down the aisle when the plane .... down.

When I .... I .... on her "pasta bolognese"

I .... bright red.

... everybody .... around me, even the old lady.

2 Réécoute le blog de Carroll plage 25 de ton CD et relis-le page 80 de ton livre pour repérer la traduction des expressions ci-dessous. Puis ferme ton livre et écris-les de mémoire, ensuite, vérifie !

a. Vous allez vous marrer. ....

....

b. J'ai complètement perdu l'équilibre. ....

....

c. Je suis devenue rouge pivoine ! ....

....

d. J'étais belle à voir ! / J'étais dans un état ! ....

....

3 Rends à chacun sa réplique, puis va vérifier p. 81 ci-dessus.

ⓐ 

ⓑ 

ⓒ 

ⓓ 

"I can't believe I did that!" ☐ "That was fun!" ☐

"Oh! That really hurt!" ☐ "I was scared to death!" ☐

4 Complète ce blog d'un touriste en Australie en mettant les verbes au prétérit simple ou au prétérit *be-ing*.

Pour t'aider dans le choix de la forme, relis le Think about it! *n° 1-2 p. 85-86 et relis le blog de Carroll p. 80 de ton livre.*

[On a Kuranda tour...] One day, we .... (walk) in the middle of the rainforest when we .... (see) dozens of cockatoos and parrots up in the trees. They were absolutely superb! And you'll never guess! I .... (fall) into the river! I .... (take) photos of the birds, you see, and... well,... suddenly, I .... (lose) my balance and SPLASH! Imagine me! I .... (sit) in the river and everybody .... (laugh) at me!!! I've never felt so ridiculous in my life!

☐ *Vérifie que tu as correctement accordé l'auxiliaire* be *au sujet.*

5 Réécoute le blog de Lionel plage 26 de ton CD et relis-le sur ton livre p. 83 puis numérote les phrases ci-dessous dans leur ordre d'apparition dans le blog, de 1 à 11.

a. I was so scared I forgot to take any pictures!!	n° ....
b. We saw whales!	n° ....
c. I grabbed my bags and ran like mad.	n° ....
d. I didn't get lost in the bush and no, I didn't get my leg bitten off by a great white shark!	n° ....
e. I was so happy "sweet darling Elise" didn't do that when *I* was cuddling her!	n° ....
f. She and I spent a whole day exploring the Great Barrier Reef.	n° ....
g. *"Good news, guys. You're a small group today so we'll go out on the small boat".*	n° ....
h. I arrived at the airport hours before my flight.	n° ....
i. In Kakadu National Park, we went on the Jumping Crocodile Cruise on the river.	n° ....
j. Finally, for the last of my Australian adventures!	n° ....
k. I cracked up, and took photos!!!	n° ....

6 Pour chaque lieu retrouve de mémoire le vocabulaire anglais qui lui correspond. Puis vérifie en relisant le blog de Lionel, p. 83 du livre.

Place	French	English
Great Barrier Reef	*faire de la plongée* *poissons et coraux* *baleine*	....
Kakadu National Park	*morceaux de viande* *sauter hors de l'eau* *bêtes immenses* *mâchoires puissantes*	....
airport	*rater son avion* *magasins hors taxes* *dernier appel* *vol* *porte d'embarquement*	....

7 Relie ces colonnes pour former des phrases correctes. Puis va vérifier dans le blog p. 83 du livre.

The next day we went to a Koala Sanctuary •	• when •	• suddenly I heard the last call for my flight!!!
I was talking to the pretty cashier •	• where •	• Elise decided to poo!!
Fran was hugging Elise •		• we had one of our funniest experiences

8 Exprime ton enthousiasme ou ta surprise à l'aide d'exclamatives.

Relis le Think about it! *n° 4 p. 87 avant de commencer.*

a. (story / stupid) ....

....

b. (strange / animals) ....

....

c. (exciting / experience) ....

....

d. (amazing / country) ....

....

☐ *As-tu varié les manières de t'exprimer ? Sinon, réécris deux de ces phrases différemment.*
☐ *Vérifie le choix entre* a / an *ainsi que la ponctuation.*

9 Lis ce petit blog.

Relis les stratégies de lecture p. 82 de ton livre et p. 82 de ton workbook avant de te lancer dans la lecture.

Hi, everybody,

I had a great time in the Northern Territory. I visited an opal mining town near Alice Springs. I met some miners who were working more than 30 metres underground!

It was deadly cold in there because the mine is so deep!

It's really hard work to dig out opals. They work for hours with big and heavy picks. It must be exhausting!

It was the most fascinating visit.

That's all for now.

Michael.

a. Explique en français tout ce que tu as compris dès cette première lecture.

....

....

....

....

b. Coche la nature des mots soulignés et propose une traduction.

	nom	verbe	adjectif	adverbe	traduction proposée
underground				✓	
deadly					
deep					
dig out					

10 À toi de raconter une anecdote : choisis un lieu, une personne, un animal ou objet, des verbes d'action et une réaction puis construis ton anecdote en suivant le modèle proposé par Lionel :

Tu peux trouver des idées de vocabulaire p. 81 ci-dessus.

• Une phrase pour situer l'anecdote (quand, où, et de quel type).
Ex: *The next day we went to a Koala Sanctuary where we had one of our funniest experiences.*

.... we went to ....

where we had ....

....

....

• Une phrase pour dire :
- ce que faisait la personne. Ex.: *Fran was holding and hugging Elise*
- au moment où autre chose s'est produit. Ex.: *when Elise decided to poo!!*

....

....

....

• Une phrase pour raconter ta reaction. Ex.: *I cracked up, and took photos!!!*

....

....

☐ *Vérifie ton choix entre prétérit simple et prétérit* Be-ing.
☐ *Enrichis ton texte avec des exclamatives, puis recopie-le au propre sur une feuille.*

Revision Time

OÙ RÉVISER CETTE SITUATION ?

	BOOK	CD-rom	WB
Pour relire et réécouter les textes	p. 80-83	plages 25-26	
Pour revoir les points de grammaire	p. 157-159		p. 85-87
Pour mémoriser les phrases modèles et le vocabulaire et améliorer ton intonation, ta prononciation et ton accentuation	p. 84	plage 27 lexique CD-rom	

Maintenant, apprends à t'auto-évaluer et prépare-toi au test grâce au *checkpoint* p. 131.

Book 4

The places and faces of American history

► Listen to a quiz about board games!

• Circle the answer that each team gave! If you like, why not play and tick your own answer? Then indicate if their answer and yours were correct! Who gave the most correct answers?

Team A:	Team A's answers			Your answers		
Question 1	a	b	c	a	b	c
Correct?	☐ Yes		☐ No	☐ Yes		☐ No
Question 2	a	b	c	a	b	c
Correct?	☐ Yes		☐ No	☐ Yes		☐ No
Question 3	a	b	c	a	b	c
Correct?	☐ Yes		☐ No	☐ Yes		☐ No
Question 4	a	b	c	a	b	c
Correct?	☐ Yes		☐ No	☐ Yes		☐ No
Total :	....			....		

Team B:	Team B's answers			Your answers		
Question 1	a	b	c	a	b	c
Correct?	☐ Yes		☐ No	☐ Yes		☐ No
Question 2	a	b	c	a	b	c
Correct?	☐ Yes		☐ No	☐ Yes		☐ No
Question 3	a	b	c	a	b	c
Correct?	☐ Yes		☐ No	☐ Yes		☐ No
Question 4	a	b	c	a	b	c
Correct?	☐ Yes		☐ No	☐ Yes		☐ No
Total :	....			....		

Team C:	Team C's answers			Your answers		
Question 1	a	b	c	a	b	c
Correct?	☐ Yes		☐ No	☐ Yes		☐ No
Question 2	a	b	c	a	b	c
Correct?	☐ Yes		☐ No	☐ Yes		☐ No
Question 3	a	b	c	a	b	c
Correct?	☐ Yes		☐ No	☐ Yes		☐ No
Question 4	a	b	c	a	b	c
Correct?	☐ Yes		☐ No	☐ Yes		☐ No
Total :	....			....		

Situation 1

Preparation time

3. Practise your pronunciation

1. La prononciation de la terminaison *-ed*

a. Lis les verbes suivants, puis note la prononciation de leur terminaison. Utilise un crayon à papier.

Rappel : Dans les participes passés, la prononciation de la terminaison *–ed* suit les mêmes règles que celle des prétérits : /t/, /d/ ou /ɪd/.

abolished – adopted – advanced – assassinated – awarded – celebrated –

....

declared – devastated – elected – emerged – entered – founded – massacred

....

Écoute l'enregistrement pour vérifier tes réponses, et corrige-les au besoin. Puis répète ces mots.

b. Maintenant, complète cette règle :

Si l'infinitif du verbe se termine par la lettre .... ou ...., alors la terminaison *–ed* se prononce /ɪd/.

La prononciation est /d/ dans la majorité des autres cas, sauf quand cette prononciation est trop difficile, auquel cas elle est remplacée par /t/. Choisis un des exemples dont la terminaison se prononce /t/. Essaie de la prononcer /d/. C'est presque impossible ! C'est pour cela que l'on utilise /t/.

2. L'accentuation des mots de trois syllabes ou plus

a. Écoute la prononciation de ces mots, et note leur accent principal à l'aide d'un petit trait vertical (').

America – assassinated – colony – continental – declaration – devastated –
immigrant – independence – president – Virginia

b. Maintenant réécoute les mêmes mots, et souligne ceux qui comportent plus d'un accent.

Combien de syllabes comptent-ils ? Plus de ....

Est-ce que leur accent principal est : ☐ sur ou avant la deuxième syllabe ?
☐ après la deuxième syllabe ?

Dans un mot de plus de trois syllabes, si l'accent principal (ou accent primaire) est après la deuxième syllabe, alors il y a un deuxième accent, moins fort (accent secondaire). Il est placé deux syllabes avant l'accent primaire.

On note les accents secondaires avec un petit trait vertical placé en bas des lettres, alors que le trait vertical des accents primaires est en haut, par exemple :

ˌprepaˈration

3. Questions au passif au prétérit

Dans les questions avec *be* au prétérit, l'auxiliaire n'est pas accentué. Il se prononce donc avec la voyelle neutre : *was* se prononce /wəz/ et *were* /wə/.

Écoute les questions suivantes et répète-les en réduisant bien l'auxiliaire *be* à chaque fois. Respecte aussi l'intonation descendante de ces questions ouvertes.

When was John Kennedy assassinated?
When was Jamestown founded?
When were Lakotas massacred?
When was slavery abolished?

Practice time

3. Tick the rules of the "15-second game". Then listen again and check.

Each team plays for: ☐ four minutes. ☐ one minute.

☐ You must / ☐ You mustn't give your answer before the 15 seconds are up.

☐ You can't / ☐ You can skip a card.

You have to give ☐ four / ☐ two or three pieces of information.

☐ You can't / ☐ You can give more than four pieces of information.

Think about it!

1. Le passif au prétérit

→ Grammar book p. 159

a. Dans les phrases suivantes, souligne les sujets en bleu et les formes verbales en rouge.

George Washington was elected in 1789.
About 150 Lakotas were massacred in 1890.
Martin Luther King Jr. was assassinated in 1968.

Dans ces phrases, le sujet n'a pas accompli l'action décrite par le verbe, il l'a subie, c'est-à-dire qu'il en a été le bénéficiaire ou la victime. Ce sont donc des phrases à la voix

....

Elle est construite avec .... conjugué (ici, au ....) suivi du .... du verbe.

Puisque .... est un auxiliaire, c'est lui qui est conjugué (.............. ou .... au prétérit), c'est lui qui porte la négation, et c'est lui qui passe devant le sujet dans les questions, comme dans :

Where was the first colony founded?

b. Laquelle de ces phrases choisirais-tu pour une biographie de George Washington?

1-The new American people elected their first president, George Washington, in 1789.
2-George Washington was elected in 1789.

Pourquoi ? ....

La voix passive permet de présenter une information différemment en mettant en avant (en .... de phrase) l'objet de l'action, par exemple son bénéficiaire ou sa victime, souvent parce que c'est ce qui est le plus important, ou parfois parce que la personne qui a accompli l'action (c'est-à-dire l'agent) est inconnue.

Quand on veut vraiment mentionner l'agent, on l'introduit avec la proposition *by*. Entoure-la dans la phrase ci-dessous.

The Civil War was won by the northern states.

2. *Who* et *What*, en position de sujet

→ Grammar book p. 160

Observe cette question :

Where	was	the first colony	founded?
mot interrogatif	auxiliaire	sujet	verbe

Maintenant observe celle-ci et complète les étiquettes :

What	happened	in the fall of 1621?
		complément

Que remarques-tu ? Cette question ne comporte pas d'.. .
Maintenant compare les questions aux affirmations ci-dessous :

G. Washington was elected in 1789.
Who was elected in 1789?

The first Thanksgiving happened in 1621.
What happened in 1621?

Dans les questions, *who* et *what* occupent la place du ....
L'ordre des mots des questions est le même que celui des ....

3. Les mots interrogatifs (rappel)

Grammar book p. 171

Complète les cases vides dans le tableau suivant :

Pour poser une question sur…	… j'utilise le mot interrogatif
une quantité	how much
un nombre	
	where
une personne	
une raison / une cause	
	when

At home

	PREPARATION TIME	PRACTICE TIME
Pour revoir et réécouter les textes	1	5
Pour mémoriser le vocabulaire et les phrases	2 - 3	6 - 7
Pour s'entraîner à l'aide de conseils	4	8 - 9

1 Mets les verbes au prétérit à la voix active ou passive dans ces phrases tirées de la très courte histoire des USA, puis vérifie p. 96 de ton livre et plage 28 de ton CD.

The Declaration of Independence .... *(adopt)* on July 4, 1776.

The Civil War .... *(win)* by the northern states and slavery .... *(abolish)*.

The first Transcontinental Railroad .... *(build)* in the 1860s.

From January 1892 until 1954, more than 17 million immigrants .... *(enter)* the USA.

At the end of the Second World War, in 1945, Europe .... *(devastate)* and the USA .... *(emerge)* as the richest and most powerful country in the world.

2 Relis la très courte histoire des USA p. 96 de ton livre et retrouve les mots et expressions suivants. Entraîne-toi à les prononcer correctement, plage 28 de ton CD.

- automne : ....
- la Seconde Guerre mondiale : ....
- la guerre de Sécession : ....
- le pays le plus riche du monde : ....
- les états du nord : ....
- le pays le plus puissant du monde : ....
- l'esclavage : ....
- un programme spatial : ....
- le chemin de fer : ....
- le prix Nobel de la paix : ....
- un immigré : ....
- les droits civiques : ....

3 **Relis la très courte histoire des USA, p. 96 de ton livre. Retrouve toutes les formes verbales à la voix passive, puis complète le tableau.**

Souviens-toi qu'un verbe à la voix passive se forme avec BE (au prétérit : was / were) suivi du participe passé du verbe.
Sers-toi du lexique p.176-191 ou du lexique de ton CD-rom.

Formes verbales (prétérit passif)	Bases verbales	Traductions
was founded	found	fonder

4 **Pour t'entraîner à poser des questions à la voix passive pour un quiz sur l'histoire des USA, complète celles-ci.**

Lis bien les réponses pour savoir quel renseignement est demandé et trouver le bon mot interrogatif.
Au besoin va t'assurer que tu sais former le prétérit à la voix passive dans le n° 1 du Think about it! *p. 96.*

a. - .... the Declaration of Independence .... *(adopt)*?
- On July 4th, 1776.

b. - .... *(elect)* president of the USA in 1789?
- George Washington.

c. - .... the first Transcontinental Railway .... *(build)*?
- In the 1860s.

d. - .... Lakotas .... *(massacre)* at Wounded Knee in 1890?
- About 150.

e. - .... John F. Kennedy .... *(assassinate)*?
- In Dallas.

f. - .... *(shoot)* dead in 1968?
- Martin Luther King Jr.

☐ *Vérifie que tu as correctement choisi* was *ou* were.
☐ *Repère les trois questions où le mot interrogatif est sujet : ....../....../......*
☐ *Au besoin, relis le n° 2 du* Think about it! *p. 96 pour vérifier l'ordre des mots dans ces questions.*

5 Relis les fiches des grands explorateurs, p. 98 de ton livre puis complète les phrases suivantes.

N'oublie pas de mettre une majuscule aux noms de pays et aux adjectifs de nationalité.

a. .... was discovered by Amerigo Vespucci, an .... navigator. He was the first European to .... the .... coast.

b. The Caribbean Islands were discovered by ...., an .... navigator.

c. He was .... He .... Africa's Cape of Good Hope in order to .... India by sea. His name was ....

d. New Zealand and Australia were discovered by ...., an .... explorer.

6 Relis et réécoute le "15-second game", p. 132 de ton livre et plage 30 de ton CD, et retrouve la traduction des expressions suivantes.

a. Je serai l'arbitre : ....

....

b. Nadia fera signe quand le temps sera écoulé : ....

....

c. Est-ce que je peux passer une carte ? : ....

....

d. Vous n'avez pas le droit de passer une carte : ....

....

e. Il faisait partie du groupe le plus célèbre du monde : ....

....

f. Qu'est-ce que je peux dire ? ....

....

g. Vous devez donner au moins quatre informations : ....

....

7 Pour chaque nom de pays dans la colonne de gauche retrouve l'adjectif de nationalité qui lui correspond.

Au besoin, cherche dans le lexique de ton CD-rom.

COUNTRIES	NATIONALITIES
Spain	....
Italy	....
Portugal	....
France	....
England	....
Brazil	....
Australia	....

☐ *Vérifie que tu as mis des majuscules !*

8 Beaucoup de produits ou d'idées ont été inventés par des Américains. En voici quelques exemples. Tu peux en rajouter si tu en connais d'autres *(jeans / Coca-Cola / etc.)* et tu pourras faire un quiz avec tes camarades.

Who?	What?	When?
Samuel F.B. Morse	the first telegraph message (send)	1844
John Curtis	the first chewing-gum (sell)	1848
Lewis E. Waterman	the first fountain pen (make)	1884
W. L. Judson	the zipper * (invent)	1891
Clarence Birdseye	frozen food (develop)	1924
Ray Tomlinson	electronic mail = e-mail (invent)	1972

* zipper = *fermeture Éclair*

a. Tu veux rédiger un dictionnaire des inventeurs. Écris la phrase que tu feras pour chaque inventeur.

Observe l'exemple : est-il à la voix active ou à la voix passive ?

Ex: Samuel F.B. Morse sent the first telegraph message in 1844.

b. Maintenant tu veux rédiger le dictionnaire des inventions. Écris la phrase pour chaque invention.

Observe l'exemple : est-il à la voix active ou à la voix passive ?

Ex: The first telegraph message was sent by Samuel F.B. Morse in 1844.

☐ *Dans a. entoure la forme verbale en rouge. Elle doit être composée d'un seul mot : le prétérit (régulier ou irrégulier) du verbe.*

☐ *Dans b. entoure la forme verbale en vert. Elle doit être composée de deux mots : BE au prétérit (singulier ou pluriel) et le participe passé (régulier ou irrégulier) du verbe.*

9 Rédige une courte biographie sur un personnage historique de ton choix. Trouve des renseignements dans ton livre d'histoire ou au CDI , dans une encyclopédie ou sur internet. Puis entraîne–toi à la lire à haute voix, sans citer le nom du personnage pour le faire deviner à la classe.

☐ *Relis attentivement et vérifie que tu as su, au besoin, choisir la voix passive.*

Revision Time

	Où réviser cette situation ?		
	BOOK	CD-rom	WB
Pour relire et réécouter les textes	p. 96-132-133	plages 28-29-30	
Pour revoir les points de grammaire	p. 159-160		p. 96-97
Pour mémoriser les phrases modèles et le vocabulaire et améliorer ton intonation, ta prononciation et ton accentuation	p. 100	plage 31 lexique CD-rom	

Maintenant, apprends à t'auto-évaluer et prépare-toi au test grâce au *checkpoint* p. 134.

Situation 2

Preparation time

2. Read and understand

a. Read Jack's letter and underline everything you understand.

Jack the Butcher
... Manor
New Forest, Hampshire

Dear Enemy,

I have decided to leave London and retire to the countryside. I'll spend long quiet years playing golf and gardening, but before that, I want to give you one last chance to capture me. That's why I'm inviting you to spend a couple of days at my manor as of Sunday June 1st. Will you take up my challenge? Will you have the guts? You have failed so many times! Let me remind you some of your failures.

On November 5th last year, I killed Lord Windermere, behind the Bank of England. What's your alibi for that night? What were you doing? I guess you were reading newspapers at your gentlemen's club or playing the violin at home.

On March 17th, I kidnapped Miss Penniless just before 10 p.m. near Charing Cross and strangled her in front of your flat in Baker Street, but you didn't hear anything. Maybe you were smoking your pipe or playing chess with Dr Watson.

On April 1st, I killed three barmaids in Whitechapel, between 5 a.m. and 7 a.m. and left their bodies inside the Tower of London. What's your alibi for that morning? Were you doing some chemistry experiments in your laboratory or were you having your early morning walk around Regent's Park and Primrose Hill?

Shall I continue...? I feel so sorry for you. I'm sure you must be obsessed by all these failures. So, don't miss this last chance to catch me... and regain a little bit of prestige! Ha! Ha! Ha!

I'm quite sure you will accept my invitation, dear Sherlock, but first, you'll have to solve the riddle hidden in this letter and find the name of my manor. That's the first part of the challenge.
I'm looking forward to seeing you at my manor.

Best regards, from Hell!

Jack The Butcher

b. **Have a good look at the pictures illustrating Jack's murders or Holmes's supposed activities at those dates. Then read Jack's letter and fill in this grid:**

	Jack	Sherlock
November 5th	Pict.:	Pict.: ....
March 17th	Pict.:	Pict.: ....
April 1st	Pict.:	Pict.: ....

c. Recap Jack's "accusations" with the help of your grid.
Then use your logic and guess the meaning of "failed" / "failures" in the first and fifth paragraphs.

d. Highlight the words and phrases which show the tone of the letter is:

☐ flattering ☐ threatening = menacing ☐ provocative = defying ☐ neutral

e. Now, help Sherlock Holmes solve Jack's riddle.

• Look at the map of Central London p. 114 of your book, locate and write down the different place names mentioned in Jack's letter. Then, tell the class.

You: Whitechapel is in the east of London.

....

....

• Now, play in pairs and be the first to solve the riddle. Here's some help:
- Circle the letters repeated at least 5 times in these 7 place names.
- Remember you must leave out the letters "R", "A" and "T", so cross them out.
- What are the 5 remaining letters? _ _ _ _ _
- Write down the three consonants. _ / _ / _
- So, the first and the last letters are: L_ _ _ _L or N_ _ _ _N or S_ _ _ _S
- Try to find the name of the English officer or spot the famous column on the map of London.

Hurray! It's _ _ _ _ _ _ MANOR.

3. Practise your pronunciation

1. *Where were you?*

a. Quand ils sont isolés, ou dans une phrase prononcée lentement, le pronom interrogatif *where* se prononce avec la diphtongue /eə/ et l'auxiliaire *were* se prononce avec la voyelle longue /ɜː/. On ne prononce pas de /r/ sauf si ces mots sont suivis d'un son voyelle.

Écoute ces deux mots isolés et répète-les soigneusement, puis répète lentement la question :

Where were you?

Mais quand on les prononce vite et en contexte, des changements de prononciation se produisent : parfois la diphtongue de *where* disparaît (et il ne reste qu'un /e/), et l'auxiliaire *were* est réduit s'il n'est pas accentué. Il se prononce alors avec la voyelle neutre, /ə/.

Écoute ces changements dans cette phrase, et répète-la.

Where were you on November 5th of last year?

b. Entraîne-toi avec ces phrases prononcées lentement, avec insistance :

Where were your two friends?
Where were they going?

Puis rapidement, en contexte :

Now, tell me, where were your two friends?
Oh really... and where were they going?

2. Les questions au prétérit *be –ing*

a. Écoute cette question et répète-la, puis complète :

What were you doing in Paris?

C'est une question .... donc l'intonation ....

L'auxiliaire n'est pas accentué donc il se prononce avec la voyelle ....

Dans *doing*, on ne prononce pas le .... de la terminaison ....

b. Maintenant entraîne-toi à prononcer les questions suivantes avec ton voisin. Ensuite écoutez-les pour vérifier et répéter.

Who were you working with?

Why were you staying in Paris?

What were you investigating?

3. Les questions longues

a. Écoute et répète ces questions longues. Respecte bien :
- l'intonation descendante des deux segments, et la pause entre les deux,
- l'accentuation des mots lexicaux,
- la réduction des mots grammaticaux.

Where were you when Lord Windermere was killed?

What were you doing when Jack strangled Miss Penniless?

b. Recommence cet exercice, mais cette fois le rythme va s'accélérer !

4. Role-play: Sherlock Holmes's press conference

You are Holmes:

- Get ready to answer the journalists' questions about what you were doing when Jack committed his crimes. Write down your "alibis" or use the timetable below.
- Answer the journalists' questions.

Sherlock Holmes's timetable	Who with?	Where?	Activity (alibi)?
Guy Fawkes' night (Nov 5th) *Jack killed Lord Windermere*	Inspector Leroux	In Paris	Investigating a horrendous crime
March 17th *Jack strangled Miss Penniless*	Hercule Poirot	In Brussels	Working on an important case
April 1st *Jack killed three barmaids*	The Prime Minister	At 10 Downing Street	Discussing the theft of the Crown jewels
May 10th *Jack stabbed Lady Godiva*	Dr Watson	In Scotland	Chasing Professor Moriarty
May 22nd *Jack shot dead a police officer*	Inspector Lestrade	In Devonshire	Investigating the strange death of Sir Baskervilles

Practice time

1. Decipher the door code

- **Link the sounds you hear to the corresponding pictures in your book p. 108.**

Sounds	1	2	3	4	5	6	7	8	9	10	11	12
Pictures												

- **Listen to two secret codes, note them down, then recap.**

Secret codes	n° 1						
	n° 2						

- **Break Jack's secret code:**

2. The survival game

- **Listen and take notes in the grid.**

	What was he / she doing when the crime was committed?	Did he / she hear anything during the night?	What time?	Other information...
Yellow				
Red				
Pink				
Brown				
Grey				
White				
Purple				
Blue				

Think about it!

1. Le prétérit *be-ing* (2)

→ Grammar book p. 160

a. Dans les phrases ci-dessous, souligne *be* en rouge, le sujet en bleu, et entoure les négations.

What were you doing?
You were reading newspapers at your club!
I wasn't playing chess with Dr Watson.

Complète :

Le prétérit *be-ing* est construit avec *be* qui est un ...., c'est donc lui qui porte les marques de conjugaison (....................../......................), c'est lui qui est inversé avec le .... dans les questions, et c'est lui qui porte .... dans les négations.

b. Recopie la question dans ce tableau :

mot interrogatif	auxiliaire	sujet	verbe (avec *-ing*)

2. Prétérit simple ou prétérit *be-ing* ?

→ Grammar book p. 161

Dans les phrases ci-dessous, souligne les verbes au prétérit simple en rouge, et ceux au prétérit *be –ing* en vert.

What were you doing at midnight, Mr Yellow?
Well… I was sleeping of course. But before I went to bed, I heard...
What about you, Miss Pink?
I was having a shower at twelve last night. But after that, I opened my window and I saw...

Observe les couleurs, et complète :

Les verbes au prétérit .... décrivent les alibis des personnages. Ils l'utilisent parce qu'ils se justifient, ils décrivent la situation, l'état dans lequel ils se trouvaient.

Les verbes au prétérit .... décrivent les actions et les réactions des personnages. Ils l'utilisent parce que dans ce cas, le plus important, ce sont les actions racontées.

3. *See / hear* + nom + V-*ing*

→ Grammar book p. 161

Pour raconter ce qu'on a vu ou entendu, on peut utiliser *see / hear* + un groupe nominal :

I saw Mr Brown. I heard a scream.

Trouve deux exemples dans le script p. 133 de choses vues ou entendues et complète :

I heard ....

I saw ....

Les verbes de perception peuvent donc aussi être suivis de :

.... + ...

4. *What for ? To ...*

→ **Grammar book p. 162**

a. Did you go out after midnight, Mr Brown?

Yes, I did.

What for?

To have a walk.

Si l'on veut demander le but d'une action, on peut poser la question :

" ....?"

Pour répondre, on utilise .... suivi d'une base verbale.

⚠ **Quand on demande la cause de quelque chose, on emploie *why* :**

Why did you go out after midnight?

Because I couldn't sleep…

En français, dans les deux cas, on entend « pourquoi » :
Pour quoi ? Pour aller me promener.
Pour quoi ? Parce que je n'arrivais pas à dormir.

b. What did you go to the kitchen for?

To have a glass of water.

Si on veut poser la question complète, on l'insère entre le mot interrogatif :

.... et la préposition : ....

At home

	Preparation time	Practice time
Pour revoir et réécouter les textes	1	6
Pour mémoriser le vocabulaire et les phrases	2 - 3	7
Pour s'entraîner à l'aide de conseils	4 - 5	8 - 9

1 Relis la lettre de Jack p. 106 de ton livre, puis, de mémoire, remets ces groupes verbaux à leur place. Vérifie dans ton livre.

were smoking - were... having - were... doing - killed -
left - strangled - kidnapped - didn't hear.

On March 17th, I .... Miss Penniless just before 10 p.m. near Charing Cross and .... her in front of your flat in Baker Street but you .... anything. Maybe you .... your pipe or playing chess with Dr Watson.
On April 1st, I .... three barmaids in Whitechapel, between 5 a.m. and 7 a.m., and .... their bodies inside the Tower of London. What's your alibi for that morning?
.... you .... some chemistry experiments in your laboratory or .... you .... your early morning walk around Regent's Park and Primrose Hill?

2 Relie les expressions anglaises à leur sens en français, puis vérifie en relisant la lettre de Jack p. 106 de ton livre.

Will you have the guts? •	• dans l'attente de vous voir à mon manoir
don't miss this last chance to catch me •	• d'abord, il vous faudra résoudre l'énigme cachée dans cette lettre
but first, you'll have to solve the riddle hidden in this letter •	• ne manquez pas cette ultime occasion de m'attraper
I'm looking forward to seeing you at my manor. •	• Aurez-vous le cran ?

3 Retrouve la traduction en anglais de ces mots ou expressions dans la lettre ou l'énigme p. 106 de ton livre.

- relever un défi : ....

- c'est pourquoi : ....

- rappeler (quelque chose à quelqu'un) : ....

- un échec : ....

- cinq fois : ....

- élimine : ....

- un nom de six lettres : ....

4 Tu es journaliste et tu prépares un article sur l'impact de certains événements. Tu vas montrer que des dizaines d'années après, les gens se souviennent encore de ce qu'ils faisaient au moment où ils ont appris une nouvelle marquante. À l'aide de l'illustration, complète ton interview de Mrs Carnaby.

Au besoin, relis le n° 1 du Think about it! *p. 109.*

You: So Mrs Carnaby, do you remember what happened on July 20, 1969?

Mrs Carnaby: I certainly do! That's the day Neil Armstrong walked on the moon!

You: That's right! And... what .... when you heard the news?

Mrs Carnaby: ....

You: What about your husband, Mr Carnaby? What ....

Mrs Carnaby: ....

You: Your children were seven and eleven at the time, weren't they?

Mrs Carnaby: Yes, that's right.

You: What ....

Mrs Carnaby: Well, ...

So, you see, they saw Neil Armstrong on the moon before we did!!!

You: Thank you very much for answering my questions.

Mrs Carnaby: You're welcome.

☐ Was / were ? *Vérifie que tu as bien accordé l'auxiliaire.*
☐ *As-tu pensé au point d'interrogation à la fin de tes questions ?*

5 Conjugue les verbes au prétérit *be-ing* à la forme affirmative, interrogative ou négative.

Souviens-toi :
- d'accorder l'auxiliaire au sujet.

a. - Oh There you are! Where were you?
- In the bathroom. I .... (brush) my teeth. Why?

b. - Liam! Be quiet, will you?
- But I .... (not / talk), Miss!

c. - I just saw Justin, Mark and Naomi in the park.
- Oh, yeah? What .... they .... (do)?
- The boys .... (play) with their dog and Naomi .... (feed) the ducks. Why don't you go play with them?

d. - You know what? Peter fell off the roof and broke his leg.
- Oh, my god! But what .... he .... (do) on the roof???

☐ *Surligne en vert les sujets singulier et* was / wasn't *; surligne en rouge les sujets pluriel et* were / weren't.
☐ *As-tu bien mis la terminaison* -ing *aux verbes ?*

6 Réécoute "The survival game" plage 33 de ton CD et relis-le p. 133-134, puis :

a. Retrouve les expressions suivantes :

- Qu'avez-vous à répondre à cela ? : ....
- C'est la meilleure, celle-là ! : ....
- Je ne peux pas être le meurtrier : ....
- J'ai sauté du lit : ....
- Les tueurs vont encore frapper ! : ....

b. Rends à chacun sa réplique :

	Name:
Mrs Green was killed last night.	....
But at midnight I was already asleep...	....
I saw someone walking along the gravel path.	....
I heard someone coughing in the corridor.	....
I was reading a newspaper in bed.	....

c. Complète cet interrogatoire :

- What about you, Miss Blue? What .... you .... at midnight?
- I .... a newspaper in bed.
- .... you .... something?
- Indeed I did. I .... a scream.
- What .... you .... then?
- I .... out of bed, ... out of my room and .... at Miss Pink's door.
- What ....?
- .... make sure she was O.K.

7 Relie les personnes, animaux et objets aux sons ou bruits qu'ils produisent. Puis vérifie dans ton livre p. 108.

Dogs •	• mew.
Doors •	• snore.
Clocks •	• bark.
Some people •	• creak.
Cats •	• blows.
The wind •	• tick.

8 La pauvre Jenny raconte la nuit terrible qu'elle a passée dans un manoir écossais. Imagine tout ce qu'elle a vu ou entendu !

- Relis le n° 3 du Think about it!, *p. 109 au besoin.*
- Avant de commencer, trouve des idées en notant tout le vocabulaire que tu pourrais utiliser pour rendre le récit inquiétant ou drôle !

....

....

....

Jenny: What a terrible night! First, I woke up because I heard ....

....

....

....

....

....

....

....

☐ *As-tu bien orthographié* see *et* hear *au prétérit simple ?*

9 **Tu es un apprenti détective. Tu es chargé de mener l'enquête sur le vol au château de M. et Mme Delfort. En utilisant tes notes et en suivant le modèle ci-dessous, écris les deux autres interrogatoires pour les joindre à ton rapport.**

Un vol a eu lieu au château de Mr and Mrs Delford : à 10 h du soir toutes les lumières se sont éteintes (= *go off*). 10 minutes plus tard, quand les lumières se sont rallumées, le tableau de Gainsborough qui était dans la bibliothèque avait disparu !

Aide-toi des scripts p. 133-134 de ton livre pour rédiger tes questions.
Dans le dialogue modèle, entoure en vert les verbes qui demandent ou décrivent les alibis et en rouge ceux qui demandent ou racontent les réactions.

Who? Mr and Mrs Delford **Where?** Drawing-room **What?** TV (a film) **Reaction:** call the butler (→ ask for candles) **See:** × **Hear:** door / creak (a)	**Who?** Ben Fortam (Butler) **Where?** Kitchen **What?** Clean Mr Delford's boots **Reaction** go to the cellar (→ switch on the lights) **See:** × **Hear:** someone / walk / corridor (b)	**Who?** Carrie Brasco (cook) **Where?** Garden **What?** Smoke a cigarette **Reaction:** surprised -× **See:** man / run / path **Hear:** × (c)

a. ***You:*** So Mr and Mrs Delford, where were you when the lights went out at 10pm?
Mr Delford: We were in the drawing-room.
You: And er... What were you doing?
Mrs Delford: We were watching television; in fact we were watching a detective film.
You: What did you do when the lights went out?
Mr Delford: We called Ben, our butler, of course!
You: What for?
Mr Delford: To ask for candles. Ben knows where the candles are.
You: Right. Now, did you hear or see anything?
Mrs Delford: We couldn't see a thing! It was so dark.
Mr Delford: But I heard a door creaking...
You: Thank you very much, Mr and Mrs Delford. Now, I'll talk to the butler and the cook.

b. ....

....

....

....

....

c.

- ☐ *Entoure en vert les verbes qui décrivent les alibis et en rouge ceux qui racontent les réactions. Les verbes en vert doivent être au prétérit* be-ing *et les verbes en rouge au prétérit simple.*
- ☐ *Vérifie que tes interrogatoires fournissent bien tous les renseignements notés.*

Revision Time

	Où réviser cette situation ?		
	BOOK	CD-rom	WB
Pour relire et réécouter les textes	p. 106-133-134	plages 32-33	
Pour revoir les points de grammaire	p. 160-163		p. 109-110
Pour mémoriser les phrases modèles et le vocabulaire et améliorer ton intonation, ta prononciation et ton accentuation	p. 108-110	plage 34 lexique CD-rom	

Maintenant, apprends à t'auto-évaluer et prépare-toi au test grâce au *checkpoint* p. 136.

Checkpoint

1. Je sais comprendre à table ce dont une personne a besoin ou ce qu'elle me suggère.
Écoute ces questions ou exclamations, coche si la personne demande ou suggère quelque chose puis note en français ou en anglais de quel aliment ou quelle boisson il s'agit.

	Demande	Suggestion	Boisson ou aliment
1			
2			
3			
4			
5			

2. Je comprends les remarques ou questions d'un serveur.
Écoute ce que ce serveur demande et choisis une réponse appropriée. Numérote-les.

☐ Mashed potatoes, please.
☐ Vanilla, please.
☐ Yes, I'd like a chocolate brownie.
☐ No, sorry, two more minutes, please.
☐ Thank you.
☐ Yes, I'll have a glass of milk.

3. Je sais où placer l'accent et quel(s) mot(s) se prononcent avec la voyelle neutre.
Lis ces segments et place un petit trait vertical devant chaque syllabe accentuée.
Puis relis et entoure au moins une syllabe qui se prononcera avec la voyelle neutre.

a slice of bacon

I'll have some toast

4. J'ai du vocabulaire à ma disposition pour... parler des repas.
Écris :

- deux noms de viandes : ....
- deux noms de fruits et légumes : ....
- deux boissons : ....
- deux desserts : ....

5. Je connais les expressions utilisées pour être un hôte accueillant.
Tu as invité des amis américains à déjeuner, écris un exemple de ce que tu pourrais dire pour :

- leur offrir à boire à leur arrivée

....

- leur dire que c'est prêt

....

À table :

- leur proposer un plat

- leur demander ce qu'ils aimeraient pour le dessert

6. Je sais indiquer des quantités précises.

Réécris les phrases suivantes en remplaçant *some* par l'expression de quantité précise appropriée :

a. Have **some** tea, and **some** cake too.

b. She'll have **some** juice and **some** ice cream.

7. Je sais dire ce que je veux manger et boire.

Tu es invité par tes amis américains à dîner. Rédige deux ou trois phrases pour dire ce que tu prendras. Varie ta manière de t'exprimer.

Après correction, coche les items que tu as réussis sans hésitation.

1 ☐ **2** ☐ **3** ☐ **4** ☐ **5** ☐ **6** ☐ **7** ☐

Pour ceux que tu n'as pas cochés, suis le programme de révision qui te sera fourni par ton professeur. Relis, réécoute, refait... et tu seras prêt(e) pour le test.

Checkpoint

1. Je comprends des personnes qui parlent de leurs projets et espoirs.
Écoute la conversation entre Dylan et son ami Paul sur leurs vacances de Pâques.
a. Repère de quelles activités Dylan parle et note-les (en français ou en anglais).

1. Aller se balader en ville
2. ....
3. ....
4. ....
5. ....
6. ....

b. Réécoute la conversation, repère quels sentiments Dylan exprime sur ces futures activités et coche la bonne case.

	Activités					
Dylan dit qu'il...	**1**	**2**	**3**	**4**	**5**	**6**
le fera certainement						
espère ne pas le faire						
espère avoir le temps de le faire						
le fera probablement						
pense qu'il n'aura pas le temps de le faire						
promet de le faire						

2. Je sais reconnaître des expressions utilisées en langage familier.
Écoute plusieurs fois cette conversation ; coche ce que tu entends puis entoure ta réponse à la question posée.

	kind of	kinda	got to	gotta	going to	gonna
A						
B						
C						
D						
E						
F						

Quel personnage emploie un langage familier ? le garçon ☐ la fille ☐

3. J'ai du vocabulaire à ma disposition pour... parler de visites de villes.

Écris :

- deux verbes d'actions faites par des touristes :

....

- trois adjectifs positifs pour des lieux :

....

... mener un échange sur un ton familier :

Traduis :

Quoi de neuf ? ....

Tu es un cas désespéré ! ....

J'te laisse. ....

4. Je comprends l'information principale et le ton général d'un mail.

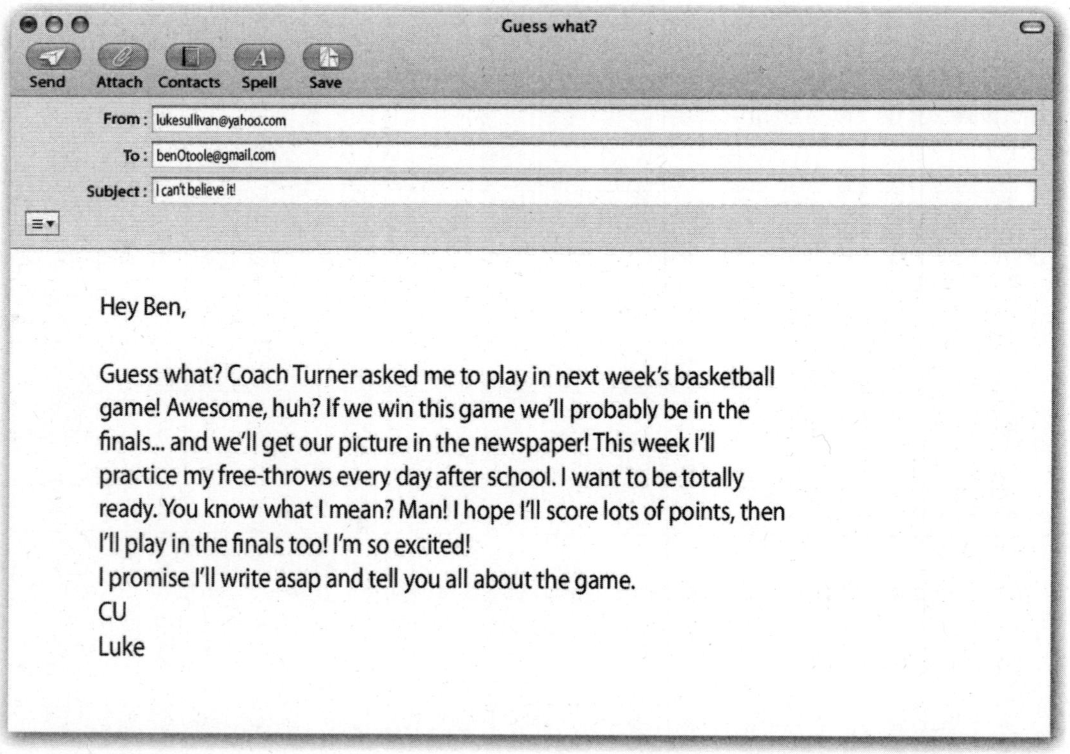
Guess what?

Send Attach Contacts Spell Save

From : lukesullivan@yahoo.com

To : benOtoole@gmail.com

Subject : I can't believe it!

Hey Ben,

Guess what? Coach Turner asked me to play in next week's basketball game! Awesome, huh? If we win this game we'll probably be in the finals... and we'll get our picture in the newspaper! This week I'll practice my free-throws every day after school. I want to be totally ready. You know what I mean? Man! I hope I'll score lots of points, then I'll play in the finals too! I'm so excited!

I promise I'll write asap and tell you all about the game.

CU

Luke

Lis ce mail.

- Entoure la nouvelle annoncée.
- Surligne en bleu les expressions qui expriment le sentiment de Luke.

Réponds en français.

- Quel est ce sentiment ? ....
- Qu'est-ce que Luke décide de faire ? Qu'est-ce qu'il espère ?

....

....

....

5. Je sais conjuguer les verbes dans des phrases complexes composées d'une subordonnée en *if* et *when* et d'une principale qui exprime une prédiction.

a. Don't worry, Mum. I .... (call) you when I .... (arrive) in New-York. Promise!

b. My brother's very excited: if he .... (get) the job, he .... (have) the money to buy his first car!

6. Je sais former des superlatifs.

a. Santa Fe, New Mexico, is (old) .... capital city in the US. It was founded in 1609.

b. *Little Five points* is (funky) .... neighborhood in Atlanta, Georgia.

c. At the Sundance Film Festival in Utah, you can see some of (innovative) .... American movies.

d. Alaska is (big) .... state in the USA.

e. I think Michael Jordan was (good) .... basketball player in the 80s.

7. Je sais exprimer mes projets, espoirs et promesses.

Bientôt le week-end / des vacances... Dis en trois ou quatre phrases ce que tu prévois, ce que tu espères ou promets de faire.

....

....

....

....

8. Je sais faire des prédictions.

Si tu vas aux États-Unis un jour, quand tu auras 20 ans... à partir de ces deux idées, ou d'autres de ton choix, fais deux prédictions sur ce que tu feras, ou non !

....

....

....

....

Après correction, coche les items que tu as réussis sans hésitation.

1 ☐ **2** ☐ **3** ☐ **4** ☐ **5** ☐ **6** ☐ **7** ☐ **8** ☐

Pour ceux que tu n'as pas cochés, suis le programme de révision qui te sera fourni par ton professeur. Relis, réécoute, refait... et tu seras prêt(e) pour le test.

Checkpoint

1. **Je sais repérer des adjectifs pour comprendre des descriptions de vêtements.**
Écoute les descriptions suivantes et note leur numéro sur l'illustration qui leur correspond.

2. **Je comprends les questions d'un vendeur dans un magasin de vêtements.**
Écoute ce que ce serveur demande et choisis les réponses appropriées. Numérote-les.
- ☐ I'm a size 10.
- ☐ Black or navy blue.
- ☐ No, thank you. I'm good. I just needed jeans.
- ☐ Yes, actually I'm looking for jeans.

3. **Je sais repérer les accents américains et britanniques.**
Écoute ces phrases plusieurs fois et coche s'il s'agit d'un accent britannique ou américain.

	accent britannique	accent américain
1. I'd like a glass of water, please.		
2. I like that sweater, I think it's pretty.		
3. You aren't gonna wear those pants, are you?		

4. **J'ai le vocabulaire disponible pour… faire des achats de vêtements.**
Écris :
- deux verbes d'actions faites par le client : ....
- deux vêtements d'homme : ....
- deux vêtements de femme : ....
- deux adjectifs de motif pour le tissu : ....
- deux adjectifs de style : ....

5. Je sais former des comparatifs.
À l'aide des éléments suivants, rédige des phrases en utilisant un comparatif de supériorité :

a. skirts / in the 50s / in the 60s / long

....

....

b. disco clothes / punk clothes / shiny

....

....

c. clothes / in the 50s / in the 60s / colorful

....

....

6. Je sais éviter les répétitions.
Réécris ces phrases en supprimant la répétition par l'emploi d'un pronom :

a. Do you want a red dress or a blue dress?

....

b. Would you like black shoes or brown shoes?

....

c. How about this bright shirt... or this flowery shirt here?

....

7. Je connais les phrases et questions types utilisées dans un magasin de vêtements.
Pour la première fois, tu vas faire du shopping avec ton ami Sacha à New-York. À l'aide de ton pense-bête, tu te prépares en écrivant les phrases et questions que tu devras certainement dire et les questions que le vendeur te posera.

Achat : un jean
Couleurs ok : bleu ou noir
Couleurs pas ok : rouge
Taille : 12
Dressing-rooms ????
Prix ???

Mes phrases et questions :

....

....

....

....

....

....

....

Les questions du vendeur :

....

....

....

....

Après correction, coche les items que tu as réussis sans hésitation.

1 ☐ **2** ☐ **3** ☐ **4** ☐ **5** ☐ **6** ☐ **7** ☐

Pour ceux que tu n'as pas cochés, suis le programme de révision qui te sera fourni par ton professeur. Relis, réécoute, refait... et tu seras prêt(e) pour le test.

Checkpoint

1. Je sais repérer les mots accentués (verbes, adverbes...) pour comprendre un choix.
Deux jeunes Britanniques ont gagné un séjour incluant des aventures en Australie.
a. Écoute une première fois, repère quelle aventure chacun a choisie et note ce que tu as compris en français, comme dans l'exemple avec John.

John	Alex	Chrissie
camper dans le désert - voir Ayers Rock		

b. Écoute à nouveau plusieurs fois et justifie leur choix comme dans l'exemple.

John	Alex	Chrissie
n'est jamais allé dans le désert - aimerait beaucoup - adore camper		

2. Je sais choisir entre le son /ʃ/ et le son /tʃ/.
Coche le son qui se trouve dans ces mots :

	shirt	teacher	chip	nation	mission
/ʃ/					
/tʃ/					

3. Je sais reconnaître les sons /iː/ et /ɪ/.
Écoute ces phrases et note quel son tu entends, celui de *eat* /iː/ ou celui de *it* /ɪ/ :

My little sister loves reading.

....

Have you ever seen scary films ?

....

4. J'ai du vocabulaire à ma disposition pour... parler d'aventures.
Écris :
- trois noms de types de lieux : ....
- trois adjectifs « admiratifs » : ....
- trois verbes d'action : ....

5. Je sais transmettre des informations sur mon pays.
Écris trois phrases en utilisant les éléments fournis pour parler de la France.
a. (beaucoup de forêts / en France)
....
....
b. (des serpents et des araignées / partout en France)
....
....
c. (certains Français /manger escargots)
....

6. Je sais parler de mes expériences et interroger un(e) ami(e).
Pour ces trois activités, écris une phrase vraie pour toi, puis pose la question à un(e) camarade. Utilise les adverbes *already*, *never* et *ever*.
a. (Londres / visiter)
....
....
b. (kangourou / voir)
....
....
c. (saut à l'élastique / essayer)
....
....

7. Je sais exprimer des souhaits.
Tu vas aller en Australie. Écris ce que tu aimerais faire et ce que tu n'aimerais pas faire.
....
....
....

8. Je sais dire de différentes façons ce qui m'intéresse ou me plaît.
Indique avec trois expressions différentes trois choses que tu aimes faire, qui te passionnent, qui t'intéressent.
....
....
....

9. Je sais accepter ou refuser une proposition en justifiant mes choix.

Tu es en Australie chez ton correspondant. On te propose des activités. Acceptes-en une et refuses-en une autre en parlant de tes goûts et expériences pour te justifier.

Au choix : *go rafting / go camping in the bush / visit a zoo / take surfing lessons / go sandboarding*

....

....

....

....

....

....

....

....

Après correction, coche les items que tu as réussis sans hésitation.

1 ☐ 2 ☐ 3 ☐ 4 ☐ 5 ☐ 6 ☐ 7 ☐ 8 ☐ 9 ☐

Pour ceux que tu n'as pas cochés, suis le programme de révision qui te sera fourni par ton professeur. Relis, réécoute, refait... et tu seras prêt(e) pour le test.

Checkpoint

1. Je sais reconnaître les sentiments exprimés grâce à l'intonation.

Les parents de Robby et Jannice rentrent après une courte absence.

- Écoute une première fois en regardant les illustrations a. à e.

- Écoute à nouveau et pour chaque partie, note le sentiment exprimé par chaque personnage.
- Écoute à nouveau et écris en français pourquoi le personnage éprouve ce sentiment.

PART 1	Dad *picture*: ....
PART 2	Mum *picture*: .... Dad *picture*: ....
PART 3	Mum *picture*: .... Robby *picture*: ....

2. Je sais accentuer les mots composés.

Lis ces mots composés et surligne en rouge la syllabe qui porte l'accent principal (le plus fort) et en vert la syllabe qui porte l'accent secondaire (moins fort).

sleeping bag	car tyres	video camera
ink eraser	Christmas tree	bedside table

3. J'ai du vocabulaire à ma disposition pour... parler d'actions :

a. Complète ce tableau avec les formes manquantes :

base verbale	prétérit	participe passé	français
			mordre
	built		
		forgotten	
catch			

b. Remplis ce tableau de recommandations avec au moins un verbe d'action devant chaque complément :

Never...	Always...
.... animals	.... your fire before leaving
.... wildlife	.... food waste
.... flowers	.... the rangers if you see a bushfire

4. Je sais constater, poser des questions et répondre sur ce qui est fait ou pas .

Avant l'arrivée des touristes dans un club de vacances le responsable, Mr Somerset, interroge une employée, Diana, pour savoir si tout est prêt. Voici la liste des tâches de chacun des employés.
Diana a coché ce qu'ils ont fait (√) ou pas (×).

<u>Diana</u>:
Check the tennis equipment ✓
<u>Bob</u>:
Make the beds ✗
<u>Terry and George</u>:
Buy the new barbecues ✗
Clean the swimming pool ✓

a. Écris les questions de Mr Somerset et les réponses de Diana.

Mr S.: So, Diana ....
Diana: ....
Mr S.: ....
Diana: ....
Mr S.: ....
Diana: ....
Mr S.: ....
Diana: ....
Mr S.: Well, I'll tell them to get on with it.

b. Mr Somerset rédige son rapport. Écris ce que chaque employé a fait ou pas :

Tuesday, 28th June
We aren't ready yet! Diana has ....

....

....

....

5. Je sais faire des recommandations.

Tu écris une brochure pour campeurs dans le bush. Rédige deux conseils : un positif, un négatif.

....

....

6. Je sais donner des conseils, faire des recommandations et les justifier.

- Tu es responsable d'un groupe d'enfants en balade dans le bush australien. Avant de vous mettre en route, tu expliques aux enfants ce qu'il faut faire et ne pas faire.

a. pour préserver les animaux,
b. pour préserver la végétation,
c. pour leur propre sécurité.

- Tu expliques chaque recommandation en disant ce qui pourrait arriver s'ils ne respectent pas tes instructions.

a.

....

....

....

....

b.

....

....

....

....

c.

....

....

....

....

Après correction, coche les items que tu as réussis sans hésitation.

1 ☐ **2** ☐ **3** ☐ **4** ☐ **5** ☐ **6** ☐

Pour ceux que tu n'as pas cochés, suis le programme de révision qui te sera fourni par ton professeur. Relis, réécoute, refait... et tu seras prêt(e) pour le test.

Checkpoint

1. Je sais repérer l'intonation, les mots fortement accentués et l'exagération pour mieux comprendre.
Écoute ce que raconte Christopher une première fois.
Puis écoute à nouveau et à chaque pause :
- indique par une flèche si l'intonation monte ou descend ;
- surligne les mots qui sont le plus accentués ;
- entoure les sons voyelles qui sont allongés pour exprimer une exagération (quand il y en a).

Last weekend my friends and I went to the Greek festival in Melbourne, you know the festival they have every year, where you can eat really delicious Greek food and er... where everyone is wearing traditional costumes. They have these beautiful costumes, you know, from different regions in Greece, and ... er they play folk music too. I totally love the music! We had such a great time trying to learn their traditional dances. I was so bad, but it was funny, too... I mean, during one dance, I lost my balance and landed on this lady's feet! I felt so ridiculous!!!

2. J'ai du vocabulaire à ma disposition pour... ajouter des adjectifs dans un récit :

puissant(e) : ....

gênant(e) : ....

inquiet (e), pas rassuré(e) : ....

sûr(e), sans danger : ....

minuscule : ....

énorme : ....

effrayant(e) : ....

... exprimer mes réactions :

Quel bazar ! ....

Hé, faites attention ! ....

C'était marrant ! ....

3. Je sais choisir entre prétérit simple et prétérit *be –ing* pour raconter une histoire.
Complète cette histoire en conjuguant les verbes correctement.

"Here's something that happened to me once when I was travelling. Last year, I .... (visit) Perth with my best friend Jill when we .... (meet) a strange Australian woman. Her name

was Eleanor and she was a camel driver on a farm!!! She ....
(invite) us to come to her farm and ride a camel. So the next day
we .... (go) to the farm! Now, here's the funny bit:
I .... (ride) this huge camel called Alberto when
suddenly it .... (decide) to have a swim in the river!
Of course I .... (lose) my balance and
.... (fall) into the river! Then I .... (hear)
a strange noise: the stupid camel .... (laugh) at me!!!"

4. Je sais faire des phrases complexes avec *when, where* ou *who*.
Transforme les deux phrases en une seule.

a. Last summer Jeff and Helen went to Australia. / Their grandfather was born in Australia.

....

....

b. Duncan felt so happy. / He hugged a baby wallaby.

....

....

c. I had a great holiday with Barnaby. / Barnaby is the funniest guy in Sydney!!!

....

....

5. Je sais produire des exclamatives.
Complète ces phrases avec *such a / an /* ou what *a / an /* ou *so* :

a. Look at that elephant! .... huge creature!!!

b. These cakes are .... delicious!
Did you make them? You are .... good cook, Fiona!

c. We made lots of friends in Melbourne. Australians are .... friendly people!

d. .... splendid birds! Quick! Take a photo.

6. Je sais exprimer mon enthousiasme.
Tu es dans un parc naturel au milieu des beautés de la nature australienne. Exprime ton enthousiasme. Écris trois exclamatives de types différents.

....

....

....

7. Je sais utiliser des stratégies pour mieux comprendre un texte.
Lis ces extraits d'un blog de voyageur.

Driving on the Beach! *Frazer Island, Australia* *Previous | All | Next*

Last week, we spent two days on Frazer Island **where** we drove along the beach in this huge 4-wheel-drive wagon. The whole island is a sand dune and the views are amazing! But driving in the sand is not easy. We saw another family in their 4-wheel-drive wagon, **who** got bogged down in the sand! We pushed **them** out, but man! It was hard work!!!

Mount Dandenong *Melbourne, Australia* *Previous | All | Next*

Today Aunty Pat, **who** knows her country well, drove us to a national park, up Mt Dandenong. We saw some incredible views but the best thing of all was the birds! We went to a sanctuary **where** all the parrots and cockatoos were tame and ate out of our hands. Really cool !!!

a. Surligne en rouge le référent des pronoms en gras.
b. Indique en français un sens possible pour :

Bogged down: ....

Tame: ....

c. Raconte en français tout ce que tu as compris dans ce blog.

....

....

....

....

....

8. Je sais raconter une courte histoire.
Raconte un petit incident qui t'es arrivé (tu peux inventer).
- Donne des précisions sur les circonstances (temps, lieu, activité).
- Raconte ce qui s'est passé.
- Indique par une phrase ou deux tes réactions et sentiments.

....

....

....

....

....

....

Après correction, coche les items que tu as réussis sans hésitation.

1 ☐ **2** ☐ **3** ☐ **4** ☐ **5** ☐ **6** ☐ **7** ☐ **8** ☐

Pour ceux que tu n'as pas cochés, suis le programme de révision qui te sera fourni par ton professeur. Relis, réécoute, refait... et tu seras prêt(e) pour le test.

Checkpoint

1. **Je sais repérer des informations prévisibles dans un court texte portant sur un sujet connu, émettre des hypothèses et me servir de mes repérages pour les confirmer ou les infirmer.**
• Lis les consignes ci-dessous, puis écoute deux fois et réponds en français.
Quelle est la question posée ? ....
Note les dates que tu as repérées et ce à quoi elles correspondent.

Dates	Ce à quoi elles correspondent

• Tu penses que c'est peut-être de George Washington dont il s'agit. Tu sais qu'il est né en Virginie et qu'il a été le premier président des États-Unis.
Tu vas écouter à nouveau puis décider si c'est lui. ☐ oui ☐ non
• Tu peux noter d'autres informations que tu aurais comprises sur ce personnage.
....
....
....

2. **Je sais prononcer la terminaison *–ed* des participes passés réguliers.**
Note le numéro du verbe qui correspond à chaque prononciation.
1. elected – 2. killed – 3. abolished. /t/ .... /d/ .... /ɪd/ ....

3. **Je sais reconnaître l'accentuation des mots de trois syllabes ou plus.**
Écoute ces mots et note dans la case s'ils comportent un seul accent ou deux (accent principal + accent secondaire). Ensuite entoure la syllabe qui porte l'accent le plus fort dans chaque mot.
depression ☐ Washington ☐ independence ☐

4. **J'ai du vocabulaire à ma disposition pour... parler d'histoire :**
- élire : .... - pouvoir (n.) : ....
- créer / fonder : .... - explorateur : ....
- abolir : .... - esclavage : ....

5. **Je sais distinguer un verbe à la voix active d'un verbe à la voix passive.**
Dans le texte suivant, souligne les verbes à la voix active en vert et les verbes à la voix passive en rouge.

Malcolm X was born in 1925, in Omaha, Nebraska. In 1931, his father was murdered by a racist. He left school in 1940. In 1946, he was sent to prison for burglary. He got out in 1952. A few years later, he became an advocate of black separatism. He was assassinated in New York City in February 1965.

6. Je sais conjuguer un verbe au prétérit passif aux trois formes (affirmative, négative et interrogative).

Complète les phrases suivantes en conjuguant le verbe au prétérit, à la voix passive.

a. John Kennedy .... (kill) in Dallas in 1963.
b. Wrong! Slavery .... (not abolish) in 1845, but in 1865!
c. The famous poem "The Raven" .... (write) by Edgar Allan Poe.
d. When .... the Declaration of Independence .... (adopt)?
e. Why .... the Aztecs of Mexico .... (massacre) by the Spanish Conquistadors?

7. Je sais poser des questions au prétérit passif.

Voici les réponses à un quiz sur la statue de la liberté, cadeau de la France aux États-Unis. Rédige les questions de l'animateur.

....

a. The Statue of Liberty was made **in Paris.**

....

b. It was given to the USA **in 1886**.

....

c. The different parts were re-assembled **in New York**.

8. Je sais rédiger de courts textes en choisissant la forme verbale correspondant au point de vue adopté.

Lis les informations suivantes puis écris un court texte informatif sur l'histoire de cette trilogie.

J.R.R Tolkien wrote a trilogy called "The Lord of the Rings", in 1954.
Peter Jackson turned "The Fellowship of the Ring" into a film in 2001 – an instant hit - 4 Oscars.
He released "The Two Towers" in 2002 / "The Return of the King" in 2003.

....
....
....
....
....

Après correction, coche les items que tu as réussis sans hésitation.

1 ☐ 2 ☐ 3 ☐ 4 ☐ 5 ☐ 6 ☐ 7 ☐ 8 ☐

Pour ceux que tu n'as pas cochés, suis le programme de révision qui te sera fourni par ton professeur. Relis, réécoute, refait... et tu seras prêt(e) pour le test.

Checkpoint

1. **Je peux comprendre de courtes conversations sur des événements passés.**
Hier, à 17h, un accident s'est produit dans Oxford Street, la principale artère commerciale de Londres.
L'inspecteur Bright mène l'enquête et interroge un témoin de l'accident. Lis les rubriques ci-dessous, puis écoute et note ce que tu as compris en français.
- Nom du témoin : Mr. Weasel
- Activité du témoin au moment de l'accident : ....
....
- Son témoignage sur les circonstances de l'accident :
....
....
....
....
- Sa réaction : ....
....
- Information importante pour l'enquête : ....
....

2. **Je sais respecter l'accentuation, l'intonation et la prononciation des questions au prétérit *be –ing*.**
Dans cette question :

What were you doing at midnight?

- Souligne les 3 mots accentués.
- Note /ə/ sous l'un des deux mots qui contient la voyelle neutre.
- Si tu penses qu'on doit prononcer le « g » de *doing*, entoure-le. Sinon, barre-le.
- Note une flèche ↗ ou ↘ à la fin de la question pour dire si son intonation doit être montante ou descendante.

3. **J'ai du vocabulaire disponible pour... comprendre ou mener une enquête policière :**

enquêter :	une énigme : ....
résoudre :	la vérité : ....
mentir :	coupable : ....

4. **Je sais dire et poser des questions sur ce que quelqu'un faisait à un certain moment du passé.**
Lord Winston a perdu son caniche préféré. Il a disparu hier soir vers 21h, alors que Lord Winston était au théâtre. Sherlock Holmes mène l'enquête. Voici ses notes. Utilise-les pour raconter ce que ces témoins faisaient au moment de la disparition.

Sarah and Jenny, the maids	Wash up in the kitchen
Lewis, the driver	Park the car in the garage

Sarah and Jenny ....

Lewis ....

Holmes poursuit son enquête. Il interroge deux autres témoins, Mrs Chandler (la cuisinière en chef) et Mr Pullman (le sommelier). Complète ces dialogues en conjuguant les verbes au prétérit *be -ing*.

Holmes: Morning, Mrs Chandler!
Mrs Chandler: Morning, Mr Holmes.
Holmes: Mrs Chandler, what .... you .... (do) at 9 last night?
Mrs Chandler: I .... (clear) the table, in the dining-room.
Holmes: All right! And... did you hear anything?
Mrs Chandler: Er... no, I didn't! I saw the butler, Mr. Jones and the gardener, Mr Perry. They .... (play) chess.
Holmes: Thank you for your time Mrs Chandler.

Holmes: Morning, Mr Pullman. So, what .... you .... (do) at 9 last night?
Pullman: Er... Let me think... I .... (play) chess with my apprentice.
Holmes: Oh no! You certainly .... (not play) chess. There's only one chessboard in the house and the butler .... (play) chess with Mr Palmer. So, you're lying!

5. Je sais choisir entre le prétérit simple et le prétérit en *be -ing* en contexte.
Complète avec les formes verbales appropriées.

The mistake

I have a new girl friend! And yesterday, I had a date with her, at 7, in front of the cinema. So, I .... (leave) home at 6 o'clock and .... (take) the bus to go downtown. Unfortunately, the bus .... (break down) on the way, so I .... (have) to go there on foot. On top of that, it .... (rain). It was ten past seven when I finally .... (arrive). When I .... (walk) into the cinema, the film .... already .... (play). It was so

dark, I couldn't see a thing! Laura ....
(sit) in the back row and the seat next to hers was free so I ....
.... down and .... (give) her a little kiss on the neck but guess what? I just .... (get) a slap in return. It wasn't Laura at all!

6. Je sais rédiger un dialogue de type interview sur des évènements passés.

Tu es un apprenti sorcier (Larry Poker) et un grimoire très important a été volé dans ton école (the Spudliars School of Witchcraft). Tu es chargé(e) de mener l'enquête et tu te prépares à interroger Wendy, une élève :

- alibi au moment du vol *(8 p.m. last night)*.
- entendu / vu quelque chose ?
- réaction ?
- dans quel but ?

Rédige l'interrogatoire en imaginant les réponses de Wendy.

....
....
....
....
....
....
....
....
....
....
....
....

Après correction, coche les items que tu as réussis sans hésitation.

1 ☐ **2** ☐ **3** ☐ **4** ☐ **5** ☐ **6** ☐

Pour ceux que tu n'as pas cochés, suis le programme de révision qui te sera fourni par ton professeur. Relis, réécoute, refait... et tu seras prêt(e) pour le test.

Checklist

Je me débrouille — J'assure

	Le ... / ... / ...		Le ... / ... / ...		Le ... / ... / ...	
A2 / A2+ Parler avec quelqu'un	Je me débrouille	J'assure	Je me débrouille	J'assure	Je me débrouille	J'assure
Je peux faire une offre, accepter ou refuser une offre ou une invitation en me justifiant.						
Je peux échanger sur des faits passés : demander des précisions et en donner.						
Je peux discuter du programme de la journée, du week-end ou des vacances, faire quelques suggestions et réagir à des propositions simples.						
Je peux demander et donner des informations simples sur des sujets tels que le travail, les loisirs ou les vacances.						
Je peux donner des conseils et faire des suggestions.						
Je peux établir un contact social : saluer et prendre congé, remercier et m'excuser, dans des rapports amicaux, de hiérarchie ou commerciaux.						
Je peux demander et donner des informations simples sur la santé.						
Je peux m'excuser pour un retard ou une absence et réagir à des excuses.						
Je peux demander des permissions.						
Je peux communiquer dans les situations de la vie courante : repas, restaurant, visites de villes, achats, etc.						
Je peux repérer et donner des informations spécifiques telles que couleur, taille, style, prix…						
Je peux parler d'expériences de la vie quotidienne pour apprendre à se connaître.						
Je peux aussi…						
B1 Parler avec quelqu'un	Je me débrouille	J'assure	Je me débrouille	J'assure	Je me débrouille	J'assure
Je peux établir un échange de client à commerçant.						
Je peux argumenter mes choix et préférences.						
Je peux participer à une conversation sur un sujet connu et exprimer mon énervement, ma colère, ma désapprobation ou ma satisfaction.						
Je peux interviewer quelqu'un, ou être interviewé(e), sur un sujet préparé.						
Je peux poser des questions sur une personne célèbre ou un événement historique connu et y répondre dans le cadre d'un jeu.						
Je peux poser des questions et répondre spontanément lors d'une discussion.						
Je peux aussi…						
A2 / B1 Parler avec quelqu'un : mes astuces	Je me débrouille	J'assure	Je me débrouille	J'assure	Je me débrouille	J'assure
Je peux dire que je ne comprends pas et demander de répéter.						

	Le … / … / …		Le … / … / …		Le … / … / …	
Quand je ne connais pas un mot, je peux demander comment on le dit et le répéter.						
Je peux demander à quelqu'un d'épeler un mot.						
Je peux exprimer par mon intonation mon attitude ou mon sentiment, tels que l'enthousiasme, l'admiration, la surprise, l'exagération, la déception, la désapprobation, l'insistance...						
Je sais adapter le ton de ma voix au type de message.						
Je sais reformuler mes idées de manière différente pour bien me faire comprendre.						
Je sais repérer quand mon interlocuteur se trompe et proposer un rectificatif.						
Je peux repérer le ton de la voix de mon interlocuteur et adapter ma réaction.						
Je sais prendre en compte les réactions de mon interlocuteur.						
Je sais mobiliser mes connaissances pour répondre ou intervenir de manière adéquate.						
Je peux aussi…						
A2 / A2+ Écouter et comprendre						
Je peux comprendre une personne qui se présente (âge, nationalité, famille, goûts, loisirs, etc.).						
Je peux comprendre les points essentiels d'une conversation téléphonique sur un sujet familier.						
Je peux comprendre les détails d'un court récit à la condition de pouvoir faire répéter.						
Je peux comprendre si on m'explique ce qui est permis, obligatoire ou interdit dans le cadre d'un règlement.						
Je peux reconnaître si on me parle de faits présents, passés ou futurs.						
Je peux suivre des instructions détaillées pour fabriquer du matériel destiné à un jeu.						
Je peux comprendre une personne qui m'informe sur ses goûts, préférences, expériences et souhaits.						
Je peux comprendre des instructions, demandes d'aide ou de permission, dans le cadre scolaire.						
Je peux comprendre des expressions et un vocabulaire relatifs à des domaines de priorité immédiate (nourriture, demandes d'un serveur, prix, et autres données chiffrées…).						
Je peux comprendre un échange contradictoire simple.						
Je peux repérer des indications simples (horaires, lieux, prix, itinéraire…).						
Je peux comprendre des consignes et instructions simples comme les règles d'un jeu.						
Je peux comprendre de courtes biographies de gens célèbres.						
Je peux aussi…						
B1 Écouter et comprendre						
Je peux comprendre les informations essentielles d'une annonce publicitaire dans un grand magasin.						
Je peux comprendre un échange sur un domaine quotidien dans une langue simple et articulée puis dans une langue au débit plus rapide						

	Le ... / ... / ...		Le ... / ... / ...		Le ... / ... / ...	
Je peux comprendre l'essentiel de courts passages d'une émission de radio lorsque le débit n'est pas trop rapide.						
Je peux comprendre quels arguments utilise une personne dans une discussion sur un sujet connu.						
Je peux comprendre à quel personnage ou événement fait référence un candidat lors d'un jeu de connaissances par le repérage des informations fournies.						
Je peux comprendre suffisamment le déroulé d'un jeu pour en déduire les règles.						
Je peux identifier les mots-clés d'un poème.						
Je peux comprendre une histoire symbolique.						
Je peux aussi…						
A2 / B1 Écouter et comprendre : mes astuces						
Je peux me préparer à mieux comprendre en me servant des illustrations, des titres…						
Je peux mobiliser le vocabulaire connu en préparation à l'écoute.						
Je peux repérer les mots que je connais et les répétitions.						
Je peux repérer les mots accentués.						
Je peux me préparer à une écoute en déterminant ce que j'y cherche.						
Je peux m'appuyer sur le ton de la voix pour comprendre le sentiment de la personne qui parle.						
Je peux me concentrer sur ce que je comprends et ne pas me laisser perturber par ce que je ne comprends pas.						
Je peux émettre des hypothèses à partir des premiers repérages.						
Je peux m'appuyer sur les mots reconnus pour construire du sens.						
Je peux repérer l'intonation pour mieux comprendre.						
Je peux repérer quelques caractéristiques des accents britanniques et américains.						
Je peux aussi…						
A2 / A2+ S'exprimer en continu à l'oral						
Je peux décrire ma personnalité en parlant de mes goûts, habitudes, expériences…						
Je peux fournir des renseignements sur un(e) ami(e) ou une personne célèbre.						
Je peux demander des permissions et de l'aide.						
Je peux m'excuser pour un retard ou une absence et me justifier.						
Je peux raconter un fait passé réel ou fictif.						
Je peux faire part d'un oubli, d'une perte ou d'une difficulté.						
Je peux justifier une demande d'aide par le constat d'un problème ou d'une difficulté.						
Je peux décrire et comparer des vêtements et des styles vestimentaires.						

	Le … / … / …		Le … / … / …		Le … / … / …	
Je peux expliquer en quoi quelqu'un ou quelque chose me plaît ou me déplaît, donner mon opinion.						
Je peux parler de projets, d'espoirs et de promesses relatifs à la vie quotidienne.						
Je peux dire de façon simple ce que je sais et pense sur un pays.						
Je peux aussi…						
B1 S'exprimer en continu à l'oral						
Je peux faire des reproches et recommandations sur un sujet que je connais bien.						
Je peux justifier mes choix et décisions en exposant mes préférences, expériences et traits de personnalité.						
Je peux expliquer un règlement et faire reproches et recommandations sur un sujet connu.						
Je peux justifier mes reproches ou recommandations en évoquant les risques encourus.						
Je peux transmettre mes connaissances sur un sujet préparé en respectant les règles d'un jeu.						
Je peux raconter une anecdote et décrire mes réactions et sentiments.						
Je peux faire part d'événements dont j'ai été témoin.						
Je peux raconter et justifier mes faits et gestes pour convaincre.						
Je peux réciter un poème en respectant rythme et intonation.						
Je peux énoncer un slam en respectant rythme et intonation.						
Je peux raconter une histoire à partir des symboles qui l'illustrent.						
Je peux aussi…						
A2 / B1 S'exprimer en continu à l'oral : mes astuces						
Je sais respecter l'alternance entre syllabes accentuées et inaccentuées.						
Je peux m'appuyer sur des mots-clés pour faire un court exposé à partir de notes.						
Je peux intégrer des illustrations à mon exposé pour mieux me faire comprendre.						
Je peux insister sur l'information nouvelle ou importante en la reformulant pour mieux la faire comprendre.						
Je sais hésiter et gagner du temps en anglais.						
Je peux varier mon intonation pour exprimer mon humeur.						
Je sais respecter l'intonation et la prononciation même « dans le feu de l'action ».						
Je peux aussi…						
A2 / A2+ Écrire						
Je peux demander ou donner des informations par écrit (mail ou lettre).						

	Le … / … / …		Le … / … / …		Le … / … / …	
Je peux écrire un message pour donner des instructions.						
Je peux raconter ce qui m'est arrivé dans le passé.						
Je peux rédiger en utilisant des connecteurs simples tels que « et », « mais », « parce que », « puis »…						
Je peux remplir un questionnaire avec des renseignements personnels divers.						
Je peux prendre des notes pendant que j'écoute à condition de pouvoir faire répéter.						
Je peux enrichir un récit pour le rendre plus intéressant en y ajoutant des détails (descriptions, sentiments et réactions).						
Je peux aussi…						
B1 Écrire						
Je peux écrire une lettre personnelle pour décrire ce que je souhaite faire dans un avenir proche et expliquer pourquoi.						
Je peux évoquer un projet dans un courrier en exprimant mes espoirs, souhaits et promesses.						
Je peux rédiger en utilisant des expressions idiomatiques marquant l'enthousiasme.						
Je peux rédiger en utilisant les acronymes et autres codes spécifiques au courrier électronique.						
Je peux relater des événements passés en précisant leur chronologie.						
Je peux relier mes phrases avec : d'abord, ensuite, enfin, quand, qui…						
Je peux raconter une expérience ou une aventure en précisant circonstances et réactions personnelles.						
Je peux écrire de courtes biographies de personnages célèbres à partir des informations fournies.						
Je peux écrire un poème en respectant les rimes.						
Je peux écrire un poème à la façon d'un slam.						
Je peux aussi…						
A2 / B1 Écrire : mes astuces						
Je peux, en me relisant plusieurs fois, repérer, corriger ou supprimer mes erreurs.						
Je peux enrichir un récit en ajoutant adjectifs, adverbes, circonstances, commentaires…						
Je peux écrire un récit en plusieurs étapes : je peux passer de notes à un texte (récit ou lettre) détaillé.						
Je peux suivre un plan pour écrire une lettre ou un mail.						
Je peux rechercher des idées, les noter, les classer avant de rédiger.						
Je peux utiliser des phrases complexes pour apporter précisions et détails ou lier des informations.						
Je peux diviser un texte long en paragraphes pour le rendre plus lisible.						
Je peux utiliser un dictionnaire bilingue.						
Je peux aussi…						

	Le … / … / …		Le … / … / …		Le … / … / …	
A2 / A2+ Lire et comprendre						
Je peux comprendre une liste de recommandations.						
Je peux trouver des renseignements spécifiques et prévisibles dans des prospectus touristiques.						
Je peux comprendre un menu pour faire des choix.						
Je peux comprendre des légendes de photos simples.						
Je peux comprendre les panneaux dans les lieux publics ou les documents officiels concernant la sécurité, le danger, les interdictions…						
Je peux comprendre dans une lettre la description d'événements, de sentiments et de souhaits.						
Je peux comprendre les informations essentielles d'un courrier et repérer l'état d'esprit de la personne qui l'a écrit.						
Je peux aussi…						
B1 Lire et comprendre						
Je peux comprendre des prospectus touristiques pour faire des choix d'activités et visites.						
Je peux comprendre, dans un récit de voyage, la description d'événements et l'expression de sentiments.						
Je peux comprendre des explications sur l'origine et les spécificités d'un phénomène culturel.						
Je peux aussi…						
A2 / B1 Lire et comprendre : mes astuces						
Je peux reconnaître les mots transparents.						
Je sais m'aider de ma logique et de ma connaissance du monde pour comprendre les mots inconnus.						
Je peux me préparer à une lecture en déterminant ce que j'y cherche.						
Je peux faire des hypothèses sur le sens d'un mot inconnu, d'après la composition du mot.						
Je peux faire des hypothèses sur le sens d'un mot inconnu d'après le contexte.						
Je peux repérer les référents des pronoms dans les phrases longues.						
Je peux utiliser un dictionnaire bilingue.						
Je peux aussi…						

Crédits iconographiques

18 1 Bender / Stockfood / StudioX
18 2 foodfolio / Alamy
18 3 Dave King / Getty Images
18 4 Paul Poplis / Getty Images
18 5 Renee Comet / Getty Images
18 6 Renee Comet / Getty Images
18 7 foodfolio / Alamy
19 h Francis Hammond / Getty images
19 d Steve Cavalier / Getty Images
19 e Marc O. Finley / Getty Images
19 g Anthony Johnson / Getty Images
19 b Mauritius / Sucré Salé
19 a Chassenet / Sucré Salé
19 c foodfolio / Alamy
19 f Renee Comet / Getty Images
42 d Pixland / Photononstop
42 e Fabrice Lerouge / Photononstop
42 c Rune Hellestad / Corbis
42 b Jeff Speed / Getty Images
42 a Jonathan Savoie / Getty Images
55 1 Karen Kasmauski / Corbis
55 2 Doug Pearson / JAI / Corbis
55 3 Bill Bachman / Alamy
55 4 Theo Allofs / Getty Images
93 hd Photofusion Picture Library / Alamy
93 mm Frank Micelotta / American Idol / Afp
93 bd Iain McKell / Getty Images